KB145458

4차 산업혁명의 이해

오영환 · 윤명수 · 최성운 공저

IOT

BIG DATA

CLOUD COMPUTING

AUTOMATION

DRONE

3D PRINTING

ROBOT

VR

4차 산업혁명은 정부의 정책적 역점 지원 분야로서, 국내외 핫이슈 중 하나이다. 언론에서는 물론 정치, 행정, 교육, 그리고 산업계 등 거의 전 분야에서 4차 산업혁명에 대한 관심이 고조되어 있다.

본서는 4차 산업혁명이란 무엇인가에 대하여 서술하고, 그와 관련된 사항들을 검토하였으며, 이를 실천적으로 뒷받침할 국내의 법과 제도 등에 대한 사항도 점검하는 등 4차 산업혁명과 관련된 사항들을 전반적으로 이해하기 쉽게 기술하였다. 특히 강의용 교재로 활용하기에 적합하도록 내용을 구성하였다.

단기간에 제작하느라 여러 부족한 점이 있겠으나, 보완할 점들은 후일을 기약하면서 서문에 대신한다.

2019년 2월
공저자 대표

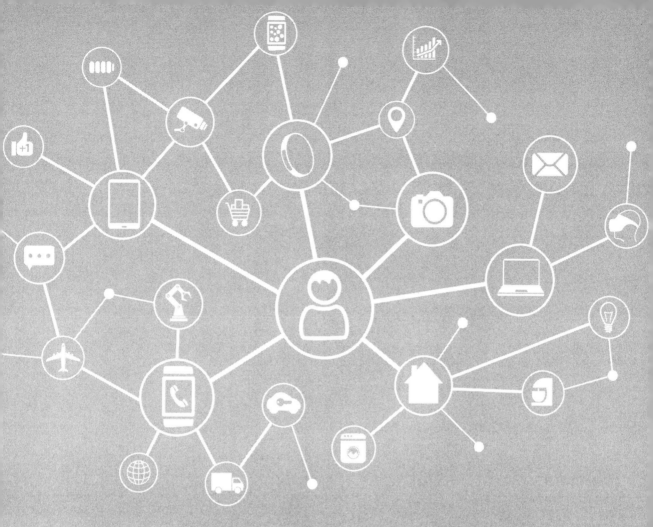

01
CHAPTER

4차 산업혁명

INDUSTRIE
4.0

CHAPTER 01 4차 산업혁명

제1절 세계경제포럼

1. 세계경제포럼

「세계경제포럼」(WEF : The World Economic Forum, 다보스포럼)은 1971년 클라우스 슈밥(Klaus Schwab)[1]의 주창으로 창설된 비영리 재단법인으로서, 세계 각국의 발전을 목적으로 공공-민간의 협력을 위한 국제기구이며 스위스 제네바에 본부를 두고 있다.

"The World Economic Forum, committed to improving the state of the world, is the international organization for public-private cooperation." (WEF Home Page)

「세계경제포럼」은 매년 스위스의 다보스에서 개최되는 관계로, 그 연차총회를 통칭으로

---

1) 클라우스 슈밥(Klaus Schwab) : 1938년 독일의 라벤부르크에서 출생하였고, 스위스 프리부르대학교 경제학박사, 스위스 연방공과대학 공학박사, 하버드대학교 케네디 공공정책대학원 행정학 석사를 거쳐 제네바대학교 교수를 역임하였다. 학자, 기업가, 정치인으로 활동하였고, 「4차 산업혁명」(The Fourth Industrial Revolution, 2016)을 저술하였다.

다보스포럼이라고 부르기도 한다. 다보스포럼에서는 세계 각국의 정계 · 관계 · 재계의 지도자들이 모여 각종 정보를 교환하고, 세계경제의 발전 방안에 대하여 논의한다. 공식적인 의제는 없고, 참가자의 관심 분야에 대해 자유로운 의견교환이 이루어진다. 통상, 각국의 총리, 장관, 대기업의 CEO 등 유력 인사들이 대거 참가하며, 약 1주일간 정치 · 경제 및 문화에 걸쳐 폭넓게 토론한다.

클라우스 슈밥 세계경제포럼 회장은 2016년 회의에서 '4차 산업혁명'이란 화두를 던져 주목을 끌었고, 그 저서 「4차 산업혁명」(The Fourth Industrial Revolution)이란 책자를 통해 다가오는 미래혁명에 대한 대응을 주문하였다.

□ C. G. Clark의 산업 분류

1차 산업	농업, 어업, 임업, 목축업, 광업, 원유추출업 등 천연자원을 직접 채취 · 이용하는 원시산업
2차 산업	제조업, 건축토목업, 광업, 전기 · 가스업 등 자연으로부터 얻은 원료나 재료 가공업, 원시산업을 제외한 모든 생산적 산업
3차 산업	도매업, 소매업, 숙박업, 음식점업, 운송업, 통신업, 금융업, 부동산업, 보건 및 복지사업, 문화 및 운동 관련 서비스업 등 1차 및 2차 산업에서 생산된 물품을 소비자에게 판매하거나, 각종의 서비스를 제공하는 산업

2. 개 념

「세계경제포럼」의 회장인 클라우스 슈밥(Klaus Schwab)은 4차 산업혁명이 디지털혁명인 3차 산업혁명에 기반을 두고 있으며, 디지털(digital), 물리적(physical), 생물학적(biological) 기술과 관련하여 기존 영역과의 경계가 사라지면서 융합되는 기술적 혁명이라고 정의하였다.

□ 산업혁명의 단계(Klaus Schwab)

시 기	내 용
1차 산업혁명(1760~1830)	철도건설과 증기기관의 발명으로 기계에 의한 생산. 주로 영국에 국한
2차 산업혁명(19c말~20c초)	전기와 생산조립 라인의 출현으로 대량생산 가능
3차 산업혁명(1960년대~21c초)	반도체, 컴퓨터, 인터넷의 발달에 의한 디지털혁명
4차 산업혁명(21c초~)	인공지능, 유비쿼터스 모바일 인터넷 등

현재 주목받고 있는 4차 산업혁명의 핵심적 주요 기술은 '지능'과 '정보'가 결합하여, 기계에 인간과 같은 지적 능력을 부여하는 '지능정보기술'이다. 최근에 그간 축적된 데이터가 폭발적으로 증가하고 있고 기계가 데이터를 스스로 학습하는 기술(machine learning)이 등장하였으며, 사람뿐 아니라 사물도 언제ㆍ어디서나 초고속 통신을 할 수 있게 되면서 지능정보기술이 급격히 발전하였는바, 이것이 4번째 혁명적 변화를 이끌고 있는 것이다.

4차 산업혁명의 개념 정의에 대해서는 여전히 논란이 있다.

과학기술정보통신부 공식 블로그는 '4차 산업혁명'을 정의하는 범위와 이를 바라보는 시각이 매우 다양하여, 4차 산업혁명의 용어의 정의와 개념이 맥락에 맞게 제대로 쓰이는가에 대해 논쟁의 여지가 존재할 수 있다고 하고 있다.

슈밥은 의사결정권자들이 지나치게 전통적인 사고에 얽매이거나 혹은 근시안적 시각에 빠져 우리의 미래를 만드는 파괴와 혁신에 대해 전략적으로 생각하지 못하고 있다고 우려하면서, 일부 학자와 전문가들이 이러한 상황들을 여전히 3차 산업혁명의 연장선으로 이해하고 있는 것은 타당하지 않다고 지적하였다. 그는 4차 산업혁명이 현재 진행형이라는 사실을 다음의 3가지 근거로 주장하였다.[2]

□ **4차 산업혁명 진행의 징표**(Klaus Schwab)

속도	4차 산업혁명은 제1차부터 제3차 산업혁명까지와는 달리, 선형적 속도가 아닌 기하급수적인 속도로 전개되고 있다. 현재 세계는 다면적이고 서로 깊게 연계되어 있는데, 이는 그동안 신기술이 더 새롭고 뛰어난 역량을 창출하여 발생된 결과이다.
범위와 깊이	4차 산업혁명은 디지털혁명을 기반으로 다양한 과학기술을 융합하여 개개인뿐 아니라 경제, 기업, 사회를 유례없는 패러다임 전환으로 진행하고 있다.
시스템 충격	4차 산업혁명은 국가 간, 산업 간, 기업 간 그리고 사회 전체의 시스템 변화를 수반하고 있다.

IT 용어사전에서는 4차 산업혁명(The Fourth Industrial Revolution)을 인공지능, 사물 인터넷, 빅데이터, 모바일 등 첨단 정보통신기술이 경제ㆍ사회 전반에 걸쳐 융합되어 혁신적인 변화가 나타나는 차세대 산업혁명으로 정의하고 있다.

궁극적으로 4차 산업혁명은 인공지능(AI), 로봇공학(Robot), 사물인터넷(TI), 자율주행자동차, 3차원 프린팅(3D printing), 나노기술, 생명공학, 재료공학, 에너지 저장기술, 퀀텀 컴퓨팅 등 새롭게 부상하는 테크놀로지의 약진을 바탕으로 각 분야 간 융합을 통해 발전될 것

---

2) 클라우스 슈밥(송경진 역), 「클라우스 슈밥의 제4차산업혁명」, 서울 : 새로운현재, 2016, 12~13면.

으로 기대되고 있다.

1. 3차 산업혁명 연장론

일부 학자들은 최근 수년간 급격한 디지털혁명에 따른 변화를 재4차 산업혁명이라고 부르는데 동의하지 않고, 디지털혁명 즉 3차 산업혁명의 연장선이라고 본다. 제레미 리프킨(Jeremy Rifkin)[3]이 대표적이다. 중앙일보와 그의 인터뷰(2017.9.12.) 내용이다.

> **대담자**: 당신은 최근의 움직임을 '3차 산업혁명'이라 부른다. 한국의 정부와 기업은 최근의 변화를 '4차 산업혁명'으로 묘사하는데….
>
> **제레미 리프킨**: 나는 4차 산업혁명이라는 표현은 잘못됐다는 내용으로 자세한 글을 쓰기도 했다. 최근 3차 산업혁명이 폭발적인 속도로 진행된 건 맞지만, 여전히 3차 산업혁명의 시대다. 이 단어를 처음 소개한 클라우스 슈밥 「세계경제포럼」(WEF) 회장은 마케팅의 목적에서 이런 단어를 사용한 것이고, 이는 우리 모두를 혼란스럽게 하고 있다. 한국 정부나 기업에 대해 어떠한 용어나 표현을 쓰라고 강요할 수는 없다. 하지만 3분의 시간을 줄테니 4차 산업혁명이 뭔지 설명해 보라고 하면,
>
> 누구라도 제대로 답할 수 없을 것이다.

그 외 로버트 고든(Robert Gordon)도 "장기 저성장 국면에서 이를 4차 산업혁명의 출발점이라고 주장하는 것은 부적절하다."고 주장하였다.

---

3) 제레미 리프킨(Jeremy Rifkin, 1945~) : 과학·기술의 발전이 사회와 경제, 일자리 시장을 어떻게 바꾸는지 예측해 온 경제·사회 사상가. 「노동의 종말」(1995), 「소유의 종말」(2000), 「공감의 시대」(2010), 「제3차 산업혁명」(2011), 「한계비용 제로사회」(2014) 등을 저술하였다. 수십 년 전부터 "공유 경제의 확산으로 자본주의가 위협받을 것이며, 자동화 기술이 일자리 시장을 크게 바꿔놓을 것"이라고 전망하였다. 유럽연합의 '스마트 유럽', 중국의 '인터넷 플러스' 등의 프로젝트에 참여하였다.

2. 4차 산업혁명 진행론

슈밥(klaus Schwab)은 "과학기술이 우리와 후손들의 삶을 어떻게 변화시키고, 우리가 몸 담고 있는 경제적·사회적·문화적·인류적 맥락은 또 어떻게 바뀔 것인지에 관해 포괄적 이면서도 전지구적으로 공유하는 시각을 가져야 한다. 이러한 변화는 매우 심오하여 인류 역사상 지금보다 더 엄청난 가능성 혹은 잠재적 위험성을 수반한 시기는 없었다. 여기서 문제점은 일부 지나치게 전통적·선형적 사고에 얽매이거나 혹은 단기적 문제에 매몰되어 서, 우리의 미래를 만드는 파괴와 혁신의 힘에 대해 전략적으로 생각하지 못하고 있다는 것 이다. 일부 학자와 전문가들은 이러한 상황들을 여전히 제3차 산업혁명의 연장선으로 이해 하고 있다."

슈밥(Klaus Schwab)은 '속도', '범위와 깊이', '시스템 충격'의 3가지 면에서 기존의 제3차 산업혁명과 현저히 구별되는 4차 산업혁명이 분명히 진행 중이라고 주장하였다.[4]

3. 두 주장의 실익

상기 두 가지의 주장에 대한 판정은 별 실익이 없다. 지금 커다란 변화가 진행되고 있는 것이 사실이고, 디지털기술 등의 변화와 영향력이 과거와 달리 상당히 파급력이 크기 때문 에 이를 혁명적이라 볼 수도 있으므로 '4차 산업혁명'이라 주장하는 것을 굳이 부정한다고 큰 실익이 있는 것도 아니다.

1) 3차 산업혁명의 연장선 설도 일리가 있다

2016년 세계경제포럼에서 4차 산업혁명이라는 화두가 제시되었는데, 이에 동의하지 않는 제3차 산업혁명의 연장선이라는 주장에도 일리가 없는 것은 아니다. 슈밥도 그의 저서 「4차 산업혁명」(The Fourth Industrial Revolution)에서 분명히 4차 산업혁명의 바탕이 디지털기 술이라고 밝히고 있다.[5]

---

4) 클라우스 슈밥(송경진 역), 앞의 책, 12면.
5) "디지털혁명을 기반으로 한 4차 산업혁명은 21세기의 시작과 동시에 출현했다. 유비쿼터스 모바일 인터넷, 더 저렴 하면서 작고 강력해진 센서, 인공지능과 기계학습이 4차 산업혁명의 특징이다." 클라우스 슈밥(송경진 역), 위의 책, 25면.

국내 일각에서도 "4차 산업혁명의 범람", "4차 산업혁명은 허구"라는 말까지 나올 정도로 4차 산업혁명의 과열을 경계하는 분위기가 있다. 다음은 언론에 보도된 어느 전문가의 견해이다.

"바야흐로 4차 산업혁명 범람 시대이다. 각종 단체들이 주최하는 4차 산업혁명 관련 행사들이 개최되고 있다. 때로는 어울리지 않는 분야인데도 4차 산업혁명이란 단어가 사용되는 실정이다." 이 행사가 4차 산업혁명과 무슨 상관이냐고 물으면 "그래야 관심을 더 받을 수 있고, 신문기사로 한 번이라도 더 실리는 데 유리하기 때문"이라고 한다. 일부 정부과제들도 마찬가지이다. 과제 추진의 적절성 확보를 위해서도 도움이 될 수도 있다는 논리이다. '4차 산업혁명 관련주'라는 것이 유행한 지도 오래되었고, 관련 자격증도 등장하였다. 2017년 대학입시에서 4차 산업혁명 관련 미래자동차공학과의 입학경쟁률은 100대 1이 넘는 현상도 나타났다. 정권의 키워드가 바뀌면 반복되는 현상들이다. 일부 전문가는 인더스트리 4.0, 디지털 트랜스포메이션, 인공지능과 로봇, 사이버물리시스템 등의 표현을 사용하여 자신의 전공과 업무 분야만을 4차 산업혁명 분야라고 내세우기도 한다. "해외에서는 4차 산업혁명이란 단어를 사용하지 않는데 그런다"는 비판도 나온다.

일본에서 사용하는 4차 산업혁명 관련 단어는 '소사이어티 5.0'(Society 5.0)이다. 5.0이라는 숫자를 사용하여 독일의 신제조업 전략인 '인더스트리 4.0'을 넘겠다는 의지도 엿보인다.

한편 정부는 4차 산업혁명의 주체가 민간이라고 이야기한다. 하지만 민간기업에 근무하는 사람들은 정작 4차 산업혁명을 정부와 공공섹터에서 사용하고 있는 용어로 인식하고 있는 경향이 많다. 그만큼 정부와 민간 사이에 인식의 격차도 있다.

2) 4차 산업혁명론 대세론

국내에서는 4차 산업혁명론이 진작 대세가 되어 버렸다. 정치계, 언론계, 교육계 등 각 부문에서 열풍이라 할 정도로 4차 산업혁명의 바람이 몰아치고 있다. 세계 각국 중 유독 우리나라에서 과열이라고 할 정도로 열풍인데, 이는 아마도 여러 가지 정치, 경제적 어려움 속에서 무엇인가 돌파구를 찾고자 하는 사람들의 희망이 은연 중에 반영된 측면도 없지 않을 것이다.

이미 2018년부터 중학교에서 종전의 '컴퓨터 프로그래밍'이라 할 수 있는 '코딩' 교육이 의무화되었고, 2019년부터는 초등학교에서도 코딩교육이 의무화되어 정규교육 과정에 편입된다. 정부의 의지가 읽혀지는 대목이다.

한편 일본의 예를 들면 1988년 전후에 후지산 아래의 「파낙」(FANUC Corporation)공장에서는 사람 없이 로봇이 기계를 제작하고 있었다. 그리고 사람은 별도의 사무실에서 로봇을 조작해 작동시키고 있었다. 그 이전에도 일본의 「무라타 제작소」(株式會社 村田製作所)에서는 섬유기계에 컴퓨터를 연결시켜, 당시로서는 획기적인 첨단 섬유기계를 제작하여 주목을 받았다. 사실 컴퓨터를 응용한 기술, 융합, 로봇공학 등이 과거에도 전혀 없었던 것은 아니다. 그런데 오늘날 왜 '테크놀로지'(technology : 이를 국내에서는 '테크놀로지'가 아닌 '기술' 혹은 '과학기술'로 번역하여 사용하고 있다)[6], 인공지능, 사물인터넷, 첨단로봇공학 등을 지적하면서, 왜 이를 디지털혁명으로 대변되는 제3차 산업혁명이 아닌 별도의 4차 산업혁명이라고 주장했을까? 슈밥은 그의 저서에서 속도, 범위와 깊이, 시스템 충격의 세 가지 이유를 들었는데, 여기에서 다시 다음의 몇 가지를 고려해 볼 수 있다. 첫째, 인공지능(Artificial Intelligence)의 발달 가속화이다. 2016년 이세돌 9단을 압도한 인공지능 '알파고'의 등장은 충격적이었다. 전기청소기도 사람이 아닌 인공지능이 조작하고 있다. 둘째, IT 기술발전의 파급효과가 상당하다. 상당수 직업들이 기계와 로봇에 의하여 대체되고 있다. 아파트 단지에서는 센서 달린 자동문이 경비원을 대체하고 있고, 일본의 어느 호텔에서는 안내데스크에서 로봇이 손님을 안내하는 여직원을 대체하고 있다. 국내외 제조업 작업 현장에서도 생산라인이 점차 자동화되면서 노동자를 대체하고 있는 추세이며, 단순노동자의 일자리가 위협받는 시대가 되었다. 셋째는 인터넷의 급속한 보급으로 각종 융합이 용이해져서, 생산성과 부가가치의 증대 등 자본화의 영향력이 증대되었다.

제3절 4차 산업혁명의 주요 개념

1. 4차 산업혁명 관련 용어

(1) AI(Artificial Intelligence) : 인공지능
(2) IoT(Internet of Things) : 사물인터넷(사람, 사물, 공간, 데이터 등)

---

6) 클라우스 슈밥(송경진 역), 앞의 책, 4면.

(3) 무인자동차(self-driving car, autonomous car) : 자율주행(자동)차라고도 한다.

(4) 드론(drone) : 무인 비행체

(5) 빅데이터(big data) : 대용량 데이터

(6) 삼차원 프린팅(3D Printing) : 프린터로 물체를 뽑아내는 기술. 3D 프린터는 입력한 도면을 바탕으로 삼차원의 입체 물품을 만들어 낸다.

2. **특이점(singularity)** : 기술이 인간을 초월하는 순간을 말한다. 레이 커즈와일(Ray Kurzweil)은 2005년 저서 「특이점이 온다」(The singularity is near)에서 2045년이면 인공지능(AI)이 모든 인간의 지능을 합친 것보다 더 강력할 것으로 예측하면서, 이에 대한 우려를 나타냈다. 즉 2045년이 오면 인공지능이 만들어낸 연구 결과를 인간이 이해하지 못하게 되며, 이에 인간이 인공지능을 통제할 수 없는 지점이 올 수 있는데 그 지점을 특이점이라고 하였다. 이를 '특이점' 또는 '기술적 특이점'이라고도 한다.

3. **GPT(General Purpose Technology)** : 컴퓨터와 인터넷의 범용 목적 기술

4. **유비쿼터스(Ubiquitous)** : '언제, 어디서나 존재한다'는 뜻의 라틴어. 언제 어디서나 편리하게 컴퓨터 자원을 활용할 수 있도록 현실세계와 가상세계를 결합시킨 것이다.

5. **REID(radio frequency identification)** : 무선인식(전자태그). 반도체 칩이 내장된 태그, 라벨, 카스 등의 저장된 데이터를 무선주파수를 이용하여 비접촉으로 읽어내는 인식시스템이다.

6. **HAL(hybrid assistive limb)** : 인체결합 보조다리

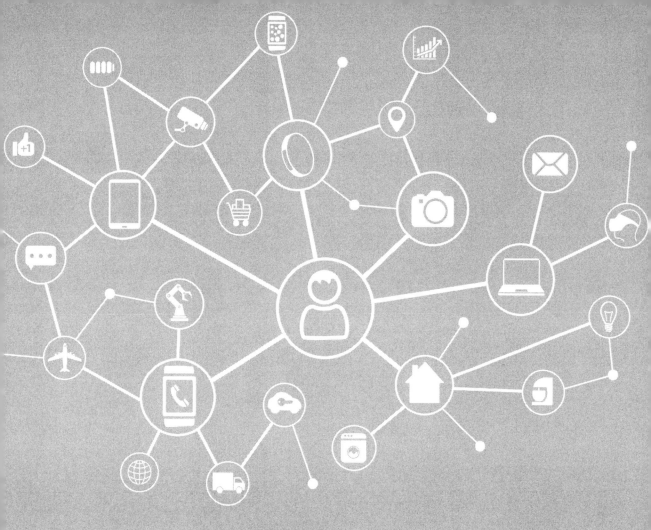

02
CHAPTER

주요국의 동향

INDUSTRIE
4.0

CHAPTER 02 주요국의 동향

1. 독 일

4차 산업혁명의 화두는 2016년 1월 스위스 다보스에서 열린 동 「세계경제포럼」(WEF)에서 클라우스 슈밥이 "인공지능과 사물인터넷(IoT)이 주도할 4차 산업혁명 시대의 도래에 대비해야 한다."고 한 메시지에서 비롯되었다. 실제 독일은 디지털 분야에서 가장 앞선 나라는 아니었다. 즉 독일은 제2차 세계대전 이후 제조업을 발전시켜 왔고 여전히 화학이나 철강, 자동차, 건설 등 전통적인 산업에서 강점이 있으나, 상대적으로 IT 분야에서는 취약한 것이 사실이다. 그러나 독일은 「세계경제포럼」(WEF)의 주창 이전부터 차분히 4차 산업혁명 시대의 도래에 대비해 왔다. 그리하여 독일은 스스로 변하지 않으면, 미국과 중국에 종속될 수 있다는 절박한 위기감에서 Industrie 4.0(4차 산업혁명에 대비하여 독일이 추진한 제조업 혁신 프로젝트)을 추진해 왔다.

독일의 4차 산업혁명은 이 Industrie 4.0에서 출발된다. 당초 제조업에서 출발하였지만, 생산된 제품의 서비스 분야에까지 확장되고 있다. 독일은 제조업의 경쟁력을 바탕으로 생산부문에 「사이버물리시스템」(CPS : Cyber Physical System)을 우선적으로 도입했으며, 이러한 사이버물리시스템(CPS)을 기반으로 스마트 공장(smart factory)[7]을 구축하였다. 이를 통해 개인 맞춤형 생산이 가능해지고, 제품도 스마트해지고 있다. 제조공정뿐만 아니라 디지털 요소기술이 「스마트 팩토리」에 통합되어, 주요 기업들의 비즈니스 모델도 변화하고 있는 상황이다. 또한 의료, 운송, 에너지 등 서비스 부문 전반으로 디지털 경제의 이행을 위해 「스마트 서비스 세상」(Smart Service World)이라는 보다 폭넓은 계획이 마련되어 추진되고 있다.

■ 독일 정부의 「하이테크」 전략 지속 추진

2006년부터 동 전략을 지속적으로 보완·발전시켜 나가면서, 2014년 Industrie 4.0을 최우선 추진과제로 선정한 新하이테크(The New High-Tech Strategy Innovation for Germany) 전략을 추진

□ 독일의 하이테크 전략 추진 추이

연도	전략 명칭	내 용
2006	하이테크놀로지 2006	- 독일 최초의 포괄적 혁신전략으로 선정 - 세부 기술분야의 시장화 가능성에 초점
2010	하이테크놀로지 2020	- 2020년까지 중장기 전략으로 확대하고, 미래를 위한 솔루션 제시
2011		- 구체적 실천계획(액션플랜) 발표 - 주요 미래 프로젝트를 「Industrie 4.0」으로 통합
2014	新하이테크놀로지	- Industrie 4.0의 실현을 최우선 과제로 선정

(한국은행, 독일 연방교육연구성)

■ 독일 Industrie 4.0의 주요 내용

1. 제조업과 ICT의 융합에 의한 수직·수평적 통합을 통하여 제조업의 고도화 지향

　① 스마트제조시스템의 수직 통합 : 네트워크화·자율화된 생산시스템에 의하여 더욱 유연하고, 효율적인 생산 및 유지관리 체계 실현(「스마트 팩토리」)

　　- 기기 제조 및 부품 생산이 자율적으로 수요 및 재고 변화에 신속하게 대응

　　- 고객 개개인의 요구에 부합하는 제품을 대량생산과 동등한 비용으로 제조

　　- 센서 등을 통해 생산프로세스 데이터를 획득하고, 이를 바탕으로 제조기기 등의 고장 등 이상 상황에 대해 예방적 대응 가능

---

7) 스마트 공장(smart factory)이란 공장 내 설계와 개발, 제조, 유통, 물류 등 생산과정과 설비와 기계에 센서(IoT) 내지 디지털 자동화 솔루션이 결합된 정보통신기술(ICT)을 적용하여, 데이터가 실시간으로 수집·분석되고 공장 내 모든 상황들이 일목요연하게 관찰되며(observability), 이를 분석하여 설정된 목적에 따라 스스로 제어되는(controllability) 등, 생산성, 품질, 고객 만족도를 향상시키는 지능형 생산공장을 말한다.

② 글로벌 가치 사슬(global value chain)에 의한 수평적 통합 : 기업의 경계를 초월한 통합 · 가치 네트워크 구축에 의한 최적화 실현

③ 첨단기술을 통한 고속화 : 인공지능(AI), 로봇공학, 센서 등에 의해 제품의 개별화, 유연화 속도를 가속화하며 시간 및 비용 절감
- 3D 프린팅과 같은 기술은 생산 및 공급 양면에 있어서 새로운 해결책을 제시

④ 생애주기를 일관하는 엔지니어링 : 제품 및 고객의 생애주기(life-cycle) 전반을 대상으로 한 엔지니어링을 통해 공급망의 최적화 실현

□ 독일의 Industrie 4.0의 스마트 팩토리 개념도

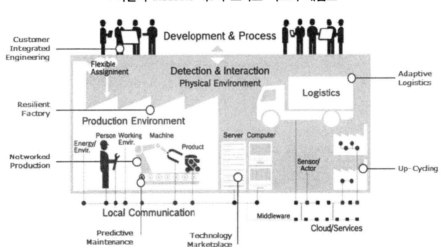

(그림 자료 : 한국은행, 「Bosch」)

2. 추진 주체의 변화 : 당초 글로벌 기업 중심으로 추진해 왔으나, 2015년 민 · 관 · 학계가 참여하는 'Platform Industrie 4.0'을 구성하고, 민 · 관 공동 대응으로 확대
① Industrie 4.0에 대한 중소기업의 인식 부족, 그에 따른 확산 저조 등에 대응하여 실용성과 실행력을 강화하는 차원에서 추진 주체를 확대
- 새로운 시장 창출보다는 현 시장에서 제품품질 개선 측면에 집중하거나, 생산프로세스 효율화 차원으로 단순하게 인식하는 등의 문제점이 제기됨

② Industrie 4.0 추진을 본격화하면서 개별 기업의 범위를 넘는 공통과제를 선도하고, 기업 간 이해관계 조정을 위한 정부의 조정자 역할 필요

③ 독일 국가경쟁력의 원천인 중견기업 · 중소기업(Mittelstand)의 Industrie 4.0 도입 · 확산을 정부 차원에서 다면적으로 지원
  - 중견 · 중소기업의 Industrie 4.0 대응 IT 투자에 정책금융을 지원하고, 기술 및 노하우 측면에서 전문가 파견, 연구개발의 공동 참여 등을 제공

3. 「프라운호퍼」(Fraunhofer) 연구소의 부각 : 산업과 학계 간 연계 역할을 수행하는 독일 특유의 프라운호퍼 연구소가 Industrie 4.0 이후 더욱 부각됨
  ○ 프라운호퍼(Fraunhofer) 연구소 : 독일 전역에 60여 개가 운영 중이며, 과학기술의 개발과 실용화를 목표로 정부 및 기업의 수탁연구를 다양하게 수행하고, 연구 분야에 따라 정보통신, 생명과학 등 7개 그룹으로 편성
    - Industrie 4.0과 관련하여 스마트공장의 최적화, 안정화, 사이버 공격에 대한 방어 등 다양한 연구 및 기술개발을 뒷받침
    - 유망기술의 제품화 · 서비스화, 중소기업 등에 혁신 아이디어의 제공 등을 지원하고, 연구자가 원할 경우 벤처창업을 지원(spin-out)

□ 독일 Fraunhofer 연구소의 구조 및 역할

(자료 : 한국은행)

이하는 IT 언론인 「지디넷 코리아」(ZD Net Korea) 지의 독일 Industrie 4.0 관련 유명 전문가 클라우스 마인처(Klaus Mainzer) 뮌헨공대 교수의 인터뷰(2017.3.13.) 내용이다.

4차 산업혁명은 고등교육을 받은 고소득 소비자를 위한 것이 아닌 모든 사람을 위한 변화라고 할 수 있다. 즉 4차 산업혁명은 「지멘스」, 「보쉬」 같은 기업들에게 새로운 기회가 될 수 있다. 제조업과 사물인터넷이 결합되어 생산성을 높이고, 맞춤형 제조를 통하여 더 큰 부가가치를 창출할 수 있기 때문이다.

한편 독일의 4차 산업혁명은 '일자리'와 '사람'을 배제하고 논할 수 없다. 4차 산업혁명의 시대에는 일자리가 줄어들겠지만, 그에 맞춰 교육을 받은 사람들이 새로운 일자리를 만들어낼 수 있다. 이를 위해서는 무엇보다 직업교육이 중요하다. 예컨대, 「지멘스」는 Industrie 4.0 프로젝트에 따라 제조업을 뛰어넘어, 소프트공급자로 진화하였다.

즉 「지멘스」는 전통적 제조공장을 스마트 팩토리로 전환하여, 그 과정에서 생산성을 8배나 높였다. 이는 근로자와의 소통과 재교육을 통하여 얻은 성과이다. 전문가들이 미래에는 일자리가 없어질 것이라 예측하고 있지만, 아마 일자리가 우리가 예측하는 것처럼 바로 없어지지 않을 것이다. 4차 산업혁명 시대에 맞는 새로운 일자리가 생겨나고, 산업이 변화하면서 전문 분야가 바뀌게 될 것이다.

"이와 관련 직업교육이 매우 중요하다." 교육이 바뀌지 않으면 사라지는 직업을 속수무책으로 지켜볼 수밖에 없다. (독일 직업학교와 관련하여) 기초적인 교육도 중요하지만, 직업교육이 어떻게 이루어지는가에 따라서 4차 산업혁명에 잘 대비할 수 있을 것이다. "4차 산업혁명은 고등교육을 받은 사람만을 위한 것이 아닌, 우리 모두를 위한 것이어야 하기 때문이다."

독일 Industrie 4.0의 핵심은 제조업과 첨단 IT 산업의 융합이다. 사물인터넷(IoT)을 통하여 기계가 서로 소통하게 만들고 높은 부가가치를 창출하는 쪽에 초점을 둔다. 독일에는 미국과 달리 IBM과 애플, MS, 페이스북과 같은 IT 기업이 부족하다. 이는 Industrie 4.0이라는 개념이 더 절실했던 이유이기도 하다.

중소기업을 육성하는 것이 중요하다. Industrie 4.0은 독일 '공학한림원'(ACATECH, 아카텍)[8]이라는 비영리법인과 학계, 산업계, 시민단체나 근로자가 함께 논의하여 진행하며, 「아카텍」은 독일 정부에 정책적인 조언을 하는 역할을 담당하고 있다.

---

8) 독일 공학한림원(ACATECH) : 기술과 과학 분야의 새로운 인재 육성을 목표로 하는 비영리법인으로서, 독일 정부에 대해 과학 기술분야의 정책을 제안하고 대중과 소통하기 위한 포럼을 개최하는 등 Industrie 4.0에서 중요한 역할을 담당하고 있다.

2. 미 국

미국은 민간부문이 4차 산업혁명을 선도하는 가운데, 정부 차원에서도 다양한 지원책을 추진하고 있다. 인공지능(AI), 사물인터넷(IoT), 무인자동차(self-driving car, autonomous car) 분야 등에서 첨단기술력을 보유하여 4차 산업혁명을 주도하고 있다.

1) 선도기업

(1) 인공지능(AI)

「Google 社」는 2001년부터 인공지능 기업의 인수 및 개발에 280억 달러(연평균 20억 달러)를 투자하여, 독자적 플랫폼[9]을 개발하는 등 인공지능(AI) 분야를 주도하고 있다.

(2) 사물인터넷(IoT)

「GE(General Electric) 社」는 2011년부터 10억 달러를 투자하여 산업인터넷(Industrial Internet)[10]을 개발하고, 산업인터넷 플랫폼(Predix) 분야에서 2014년 40억 달러의 매출을 실현하였다.

(3) 무인자동차(self-driving car, autonomous car)

「Google 社」는 업계에서 유일하게 완전자율화 단계(68만 km 의 자율주행 시험 성공)에 이르렀으며, 기타 TESLA, FORD, GM 社 등도 부분 자율주행에 성공하였다.

(4) 삼차원 프린팅(3D printing)

「3D Systems 社」는 3차원 프린터 기술을 세계 최초로 개발하였으며, 「Stratasys 社」는 전 세계 3D 프린터 시장의 절반을 점유하고 있다.

2) 민간공동 대응

민간기업들도 자율적으로 컨소시엄을 구성하여, 산업인터넷 등의 주도권 확보를 위해 노력하고 있다.

---

9) AI 검색알고리즘(RankBrain), 바둑 인공지능 프로그램(AlphaGo) 등
10) 산업현장의 각종 기계에 센서를 내장하고 제품 진단 소프트웨어와 분석 솔루션을 결합하여, 기존 설비나 운영체계를 최적화한 기술로 항공기 터빈제작 등에 활용하였다.

(1) 산업인터넷 컨소시엄(Industrial Internet Consortium)

산업인터넷을 통해 사물인터넷의 주도권을 확보할 목적으로 「GE(General Electric) 社」 등이 주도하고 있다. 삼성전자(주) 등 세계 각국의 220여개 회사가 참여하고 있다.

(2) 사물인터넷 국제표준 ; OIC(Open Interconnect Consortium), OCF(Open Connectivity Foundation)

다양한 사물인터넷 기기의 상호 접속성 표준을 책정할 목적으로 Cisco, Intel 등 미국 기업이 주도하고, 삼성전자(주) 등 세계 각국의 150여개 회사와 서울대학교, KAIST 가 참여하였다(OIC). 2016년 2월 이후 퀄컴, 마이크로소프트 社 등이 참여하면서 OCF(Open Connectivity Foundation)로 명칭을 변경하고, 산업용에 한정하지 않고 모든 사물인터넷기기의 상호 운용성을 촉진하기 위하여 표준통신체계의 형성을 추진하고 있다. (자료 : 한국은행)

■ 미국의 4차 산업혁명 지원 제도의 주요 내용

1. 정부지원 : 제조업의 경쟁력 강화 전략 수립, 공공 성격의 과제 추진 등 다각적 지원방안 추진

○ 「오바마」 정부 당시 2011년 이후 제조업의 경쟁력 강화를 중심으로 기술 개발과 투자를 위한 기본전략을 지속적으로 추진

- 2011년 6월 대통령 주도하에 첨단 제조산업의 경쟁력 강화를 위해 민·관·학이 참여한 첨단 제조업 파트너십(Advanced Manufacturing Partnership, AMP) 구축
- 2012년 7월 혁신역량 강화, 인재 양성, 기업여건 개선 등 3개 분야를 중심으로 첨단 제조업 경쟁력 강화 전략 수립

〈미국의 첨단 제조업 경쟁력 강화방안〉

㉠ 혁신역량 강화
- 국가차원의 첨단 제조업 전략 채택
- 중요기술에 대한 R&D 투자 확대
- 첨단 제조업에 관한 기업·대학 연계 확대 등

㉡ 인재 양성
- 첨단 제조업에서 요구되는 기술 습득의 기회 제공
- 첨단 제조업에 관한 대학교육의 확충
- 국가 수준 제조업 fellowship·인턴십 제도 시행 등

ⓒ 기업여건 개선
- 세제개혁 및 세제 개선
- 통상정책 및 에너지정책 개선 등

[자료 : 한국은행, "Report to the President on Capturing Domestic Competitive Advantage in Advanced Manufacturing"(2012.7.)]

- 2013년 9월 기존 AMP 정책에 고용창출, 경쟁력 향상, 특히 중소기업의 참여를 보완한 AMP 2.0 정책 발표

2. 기술개발 지원 : 기업과 밀접한 사물인터넷 및 로봇공학 등에 관한 기술을 R&D 투자 대상 기술로 선정하고 정부 지원 강화

※ DMDII(Digital Manufacturing and Design Innovation Institute) : 미국 국방부 · GE 등이 참가하여 첨단 제조업 강화를 위한 R&D 프로젝트 참가, 중소기업 대상 교육 등을 수행

3. 특히, 개별 기업 차원에서 접근하기 힘든 빅데이터 분야의 고도화를 위하여 '빅데이터 이니셔티브'를 추진(2012년 3월)
- 미국 국방부의 국방고등연구계획국에서 빅데이터 분석을 위한 오픈 S/W 개발
- 미국 정부의 자료를 활용한 창업 및 혁신이 가능하도록 정부 자료를 적극 공개 : 정부 자료는 원칙적으로 기계 판독이 가능한 형태로 공개(2013년 5월 대통령 훈령)

(자료 : 한국은행)

3. 일 본

1) 배경

일본도 사실 4차 산업혁명을 필요로 하는 사회적 · 경제적 여건에 놓여 있어서 4차 산업혁명을 주도하려고 노력하고 있다. 일본은 현재 생산연령 비율이 60%까지 하락해 있고, 향후 50% 전후까지 하락할 것으로 예상되고 있어서, '일손 부족'이 아니라 '초일손 부족' 시대가 도래할 것으로 예견되는 상황이기 때문이다.

이에 대비하여 대체노동력이 필요한데, 이를 바로 4차 산업혁명을 통하여 어느 정도 해결하고자 첨단로봇공학, 인공지능, 신소재 등 세계 최고수준의 첨단기술을 대기시키고 있다. 4차 산업혁명이 독일의 제조업에서 출발되었다면, 일본은 이를 서비스산업에 적극 활용하려

하고 있다. 그리하여 4차 산업혁명과 일본이 그즈음 준비하던 '초스마트사회'(Society 5.0)를 동일시하고 있다. 일본은 서비스 분야에서의 일손부족에 이미 인공지능을 갖춘 로봇을 활용하고 있다. "일본이 리드하는 제4차 산업혁명"을 주장하는 미츠하시 타카아키(三橋貴明)는 "4차 산업혁명은 독일에서 시작되었으나 일본에서 진화되고 완성되었다"고 후세의 사가들이 기록할 것이라며, 그 성공을 확신하고 있다. 그 이유는 일본이 총인구 대비 생산연령인구 비율의 하락에 따라 서비스 산업에서의 심각한 일손 부족이 일어나는 등 제반 여건이 4차 산업혁명 추진에 우호적이기 때문이다. 무엇보다 인공지능, 로봇, 컴퓨터 등 첨단기술을 갖추고 있고, 서비스 분야와 제조업 등에서 일손이 크게 부족하므로 인공지능이 활용된 로봇의 수요 증가 여건이 조성되어 있다. 즉 서비스 분야에서의 일손 부족으로 인하여 4차 산업혁명에 기대하는 바가 크며, 산업용 로봇은 이미 오래 전부터「파낙」,「도요타」등 다수의 기업에서 활용되며 발전하고 있다.

노무라 종합연구소(野村綜合研究所)의 조사(2015)에 의하여 일본 내 601개 직업 중 AI(인공지능) 및 로봇 등으로 대체될 확률을 시산하였는데, 향후 10년 내지 20년 후에 일본 노동자 인구의 약 49%가 로봇으로 대체 가능하다고 하였다.[11]

□ 생산가능인구 추세(15~74세)

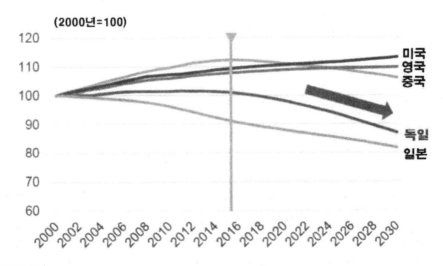

(한국은행, ILO)

---

11) 日本『週間 다이아몬드』, 2016.10.

2) 실질 국내총생산(GDP) 성장률 2.0% 기대

일본은 2030년까지의 관련 경제적 효과(경제성장, 생산성 향상, 고용구조 등)에 대한 분석을 통해 국민적 공감대 형성 및 추진 동력 확보에 노력하고 있다. 4차 산업혁명의 대응전략이 성공할 경우, 일본은 2030년까지 실질 GDP 성장률이 연평균 2.0%를 기록하고, 고용감소폭도 대폭 줄어들 것으로 예상하고 있다.

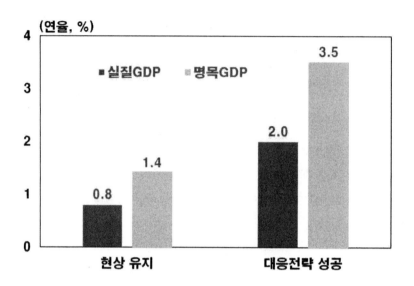

(한국은행, "일본경제산업성, 2015~2030 연평균 기준 GDP")

■ **(요약) 일본의 4차 산업혁명 대응전략**

1. 2015년 6월 「일본재흥전략 2015」

4차 산업혁명이 경제·사회를 근본적으로 변화시킬 것으로 예상하고, 이에 대한 대응책을 최초로 발표

① 경제산업성 산업구조심의회에 민·관 공동 「신산업구조부회」를 설치하고, IoT, 인공지능, 빅데이터 등의 기본 방향과 신산업 구조의 비전을 설정

② 2016년 4월에는 4차 산업혁명을 통해 국가경제 및 사회 전반을 변화시키는 국가혁신프로젝트의 차원으로 확대한 「4차 산업혁명 선도전략」을 발표

- 기술 분야뿐 아니라 산업구조의 개혁에 따른 교육 및 고용시장의 개혁, 금융기능의 강화, 취약층 지원, 그리고 공감대 형성 등을 병행

2. 2016년 6월 「일본재흥전략 2016」

「4차 산업혁명 민관회의」를 구성하여 주요 사안을 결정하도록 하는 등 민·관 공동대응 차원으로 격상

○ 일본 경제정책의 사령탑인 일본경제재생본부(내각)에 설치하여 4차 산업혁명 대응 총괄 담당. 민간에서는 경제단체연합회 회장, 기업 최고경영자, 연구소장 등이 참석

■ 일본의 「4차 산업혁명 선도전략」의 주요 내용 : '초스마트사회'(Society 5.0) 구축

1. 기술 분야

① 데이터 활용 촉진 환경의 조성
- 데이터 플랫폼 구축 및 데이터 유통시장의 활성화
- 개인데이터 활용 촉진 조성
- 보안기술 관련 인재 육성의 생태계 구축

② 혁신·기술개발의 가속화
- 오픈 이노베이션 시스템 구축
- 혁신거점 정비, 국가프로젝트 구축

2. 인재육성 및 고용시스템 개선

① 새로운 수요에 대응한 교육시스템의 구축 및 글로벌 인재 확보

② 다양한 노동참가 촉진 및 노동시장·고용제도의 유연성 향상

3. 금융기능의 강화

① 리스크 머니 공급을 위한 자금조달기능 강화

② 무형자산 투자의 활성화 및 핀테크 금융·결제의 고도화

4. 산업 및 취업 구조 전환

① 신속하고 과감한 의사결정을 위한 거버넌스 체제 구축

② 유연한 사업 재생·재편이 가능한 제도 및 환경 정비

5. 중소기업 및 지역경제에 파급 · 중소기업 및 지역에서의 사물인터넷(IoT) 등 도입·활용 기반 구축

6. 경제사회시스템의 고도화

① 규제개혁의 재정비

② 4차 산업혁명의 사회 공감대 확산

(자료 : 한국은행, 일본경제산업성)

4. 한 국

4차 산업혁명을 주도하고 있는 정부 및 기업의 추진 사례에는 공통적으로 디지털 인프라와 요소기술이 활용·적용되고 있다. 이러한 디지털 트랜스포메이션은 이미 서비스 산업의 다양한 분야에서 진행되고 있으며, 디지털 기술을 활용하여 기존 서비스 사업의 프로세스는 물론 기존 서비스 산업의 가치사슬에도 변화를 가져오고 있다.

우리나라에서는 4차 산업혁명이라는 시대적 흐름에 동참하면서도, 다른 한편으로 일자리가 감소되지 않도록 고려하여야 한다. 특히 청년 실업이 심화되지 않도록 하여야 할 것이다.

1) 제조업의 서비스화

과학기술정보통신부(이하 '과기정통부'라고 한다)는 2017년 8월 30일 오후 3시, 대한상공회의소에서 기술의 진보에 따른 일자리 변화를 논의하기 위해 '4차 산업혁명 시대의 제조업 일자리 동향' 정책토론회를 개최하였다. '4차 산업혁명과 일자리'를 주제로 기조 발표를 한 경희대학교 이경전 교수는 제조업 관점에서 4차 산업혁명의 가장 큰 변화는 '제품의 스마트화 및 커넥티드화'라고 언급하며, 이러한 제품의 변화는 제조 기업의 경쟁방식과 제조업의 구조를 근본적으로 변화시킬 것이라고 하였다. '4차 산업혁명이 전자산업에 미치는 영향과 일자리 전망'을 발표한 산업연구원(KIET) 이경숙 박사는 2010년에서 2015년 동안 전자산업 사업체의 매출액은 10.2% 증가한 반면 동 기간 중 고용은 1.9% 증가에 그쳐[12], 제조공정 자동화 등의 영향으로 고용 없는 성장이 지속되고 있으나, 향후 전자제품은 사물인터넷(IoT)과 인공지능형 제품이 발전하면서 인공지능과 소프트웨어 개발자, 이를 연계하여 제품으로 구현하는 디자이너의 역할이 중요해지고, 맞춤형 반도체 설계와 연구개발 인력의 수요도 증가할 것이라고 전망하였다. '자동차 산업 일자리 현황과 전망'을 발표한 신한대학교 하성용 교수는 2009년부터 2014년 동안 국내 자동차 생산량은 29% 증가한데 반해 완성차 관련 종사자 수는 10% 증가에 그치고 있으나[13], 향후 전기차·자율주행차 등 미래형 자동차 기술 개발과 개인별 맞춤형 튜닝 활성화 등을 통해 자동차 산업의 종사자 수는 꾸준히 증가

---

12) • 매출액(10인 이상 사업장 기준) : 2010년 259.5조 원 ⇒ 2015년 286조 원
 • 종업원수(10인 이상 사업장 기준) : 2010년 38만 3천 명 ⇒ 2015년 39만 명
13) • 자동차 생산대수 : 2009년 351만 3천대 ⇒ 2014년 452만 5천대
 • 종사자수 : 2009년 9만 7천 명 ⇒ 2014년 10만 7천 명

할 것이며, 이를 위해 친환경·첨단안전 자동차에 대한 연구개발, 부품업의 해외거래 구조 다변화 등이 필요하다고 발표하였다.

이후 서울대학교 박진우 교수, 한국노동연구원 박상현 연구위원 등이 참여한 토론에서 참석자들은 제조업 일자리 창출을 위해서는 고용창출 효과가 제조업의 2배인 서비스업을 제조업과 접목시키는 '제조업의 서비스화'가 시급한 과제라고 의견을 모았다.

2) 와이파이의 확대

과학기술정보통신부는 정부, 지방자치단체, 공공기관 등이 협력하여 공공 와이파이를 확대 구축함으로써, 우리나라를 '와이파이 메카'로 조성하기 위한 작업에 본격적으로 착수하고 있다.

효율적인 공공 와이파이 구축을 위한 기술적 방안과 다양한 서비스 모델 등을 논의하기 위하여, 2017.8.30. 산·학·연 관련 전문가 25명으로 '공공 와이파이 확대 실무작업반'[14]을 구성·운영하는 한편, 향후 정부, 지방자치단체, 공공기관, 민간사업자 등이 참여하는 '공공 와이파이 협의회'를 운영할 계획이다. 과기정통부는 와이파이의 핫스팟(hot-spot) 지역 서비스라는 특성상 그 설치장소를 무한정 확대하기에는 한계가 있으므로, 국민의 접촉이 많은 장소를 중심으로 집중 구축하는 방안을 모색하고 있다. 예컨대 학교, 관광지, 우체국, 기차역(객차), 공항, 고속도로 휴게소, 버스 등 특정 공공장소에 와이파이를 확대해 나간다는 구상이다. 공공 와이파이 확대를 위해 정부와 지자체 중심의 공공 와이파이 구축뿐 아니라, 이용고객의 편의 증진 차원에서 공공기관 및 민간의 자발적 참여와 협력 방안도 강구한다. 이를 위해 무선중계 주파수의 이용, 인터넷 전용회선의 이용 지원 등 공공기관 등의 공공 와이파이 구축에 대한 지원방안을 함께 검토하고 있다. 과기정통부 통신정책국장은 "민·관이 합심하여 공공 와이파이를 적극 확대함으로써 국민들에게 무료 와이파이 서비스를 제공할 뿐 아니라, 사물인터넷(IoT), 모바일 광고, 빅데이터 등 신규 부가서비스를 통하여 새로운 일자리 창출에도 기여할 수 있도록 연계할 계획이다."라고 하였다.

---

14) 주요 참석자 : 이동통신사, Wi-Fi 제조사, 플랫폼 사업자, IoT 사업자, 공공기관 등

3) 3D 프린팅 산업 진흥

정부는 3D 프린팅 산업 진흥 및 이용자 보호, 국내산업의 경쟁력 제고를 위한 종합적인 정책 추진과 실천전략으로서 「3D 프린팅 산업 진흥 기본계획」(2017~2019)을 마련하였다 (2016.12. 정보통신전략위원회).

(1) 3D 프린팅 산업 진흥 기본계획(2017~2019)의 주요 내용

① 2019년 '3D 프린팅 글로벌 선도국가 도약'이라는 비전을 구현하기 위해, 2017년부터 2019년까지 추진할 4대 추진전략과 12대 정책과제를 수립

　㉠ 기본계획의 충실한 이행을 위해 관계부처 합동으로 연도별 시행계획을 수립하되, 시행계획에서는 2017년 3D 프린팅 산업 활성화 방향과 세부정책과제 및 추진 내용을 구체적으로 제시할 필요성이 제기됨.

　㉡ 추진 근거 : 「삼차원프린팅산업진흥법」 제5조 및 동법 시행령 제2조에 따라 3년마다 기본계획을 마련하고 연도별 시행계획을 매년 수립

② 3D 프린팅 산업 진흥 기본계획 정책과제 및 추진 전략 : 4대 추진 전략, 12개 추진 과제

　㉠ 수요창출을 통한 시장성장 지원

　　- 융합형 비즈니스 모델 발굴 및 시범사업 추진 : 미래창조과학부

　　- 시장 확산을 위한 선도사업 추진 : 미래창조과학부, 산업통상자원부

　　- 주력산업 제조분야의 수요창출 추진 : 산업통상자원부

　㉡ 기술경쟁력의 강화

　　- 차세대 핵심분야 기술개발 지원 : 미래창조과학부, 산업통상자원부, 문화체육관광부, 보건복지부, 식품의약품안전처

　　- 제조혁신 기술개발 지원 : 산업통상자원부

　　- 3D 프린팅 기술표준 선도 : 미래창조과학부, 산업통상자원부

　㉢ 3D 프린팅 산업 확산 기반 강화

　　- 3D 프린팅 산업인프라의 고도화 : 미래창조과학부, 산업통상자원부

　　- 3D 프린팅 전문기업 육성 : 미래창조과학부

　　- 3D 프린팅 전문인력 양성 및 현장형 교육 강화 : 미래창조과학부, 고용노동부, 산업통상자원부, 교육부

◉ 산업육성을 위한 제도적 기반 강화
　- 3D 프린팅 장비 등 신뢰성 기반 구축 : 미래창조과학부, 산업통상자원부, 식품
　의약품안전처
　- 산업육성을 위한 정책기반 강화 : 기획재정부, 통계청
　- 안전한 이용환경 조성 : 미래창조과학부

특히 디지털 트랜스포메이션은 빅데이터, 모바일, 클라우드 및 소셜네트워크 등 디지털 기술을 활용하여 운영 효율성과 경쟁력을 높이는 프로세스의 변화와 이를 바탕으로 하는 비즈니스 모델의 최적화 및 재구성(재구축)을 가능하게 해준다. 디지털 트랜스포메이션에서는 Airbnb(숙박), Uber(운송) 등 서비스 산업에서 최신 디지털 기술을 바탕으로 기존 데이터를 활용하여 웹이나 모바일로 비즈니스를 수행하는 기업이 각광을 받고 있다.

효율적으로 활용되지 못하고 있는 기존 오프라인의 자산들을 온라인 플랫폼으로 매개하여 그 탐색과 거래비용을 감소시켜 주는 「O2O」(Online to Offline) 비즈니스 모델도 서비스 산업에 있어서 하나의 대표적인 새로운 접근방식이다. 산업혁신이라는 관점에서 보았을 때, 현재의 4차 산업혁명이 제조업 중심에서 서비스 산업으로 디지털 요소기술이 확대 적용되는 패턴인 것으로 오해될 수도 있다. 하지만 비중이 큰 서비스 산업에서 이미 디지털 인프라 및 요소기술들이 직용되어 기존 프로세스가 변화하였고, 이를 통해 비즈니스 모델에 변화가 오고 있다. 즉 디지털 트랜스포메이션은 이미 서비스 산업의 다양한 분야에서 진행되고 있으며, 디지털 기술을 활용하여 기존 서비스 사업의 프로세스는 물론 기존 서비스 산업의 가치도 변화하고 있다.

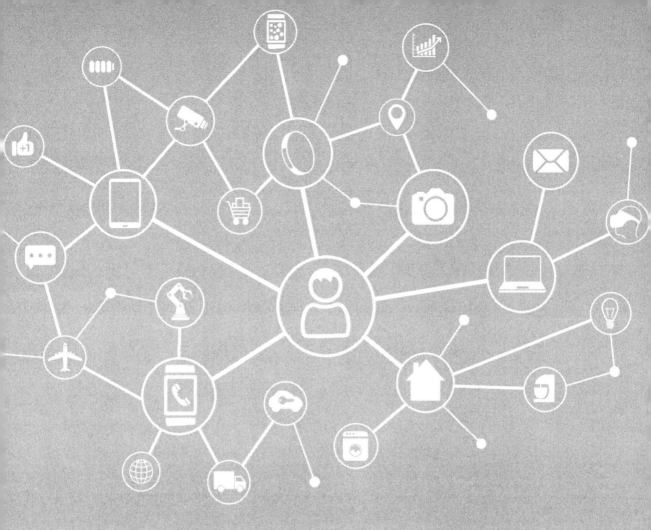

03
CHAPTER

4차 산업혁명의 핵심 기술

INDUSTRIE
4.0

4차 산업혁명의 핵심 기술

4차 산업혁명을 이끌 기술은 다양한데, 이를 살펴보기로 한다. 클라우스 슈밥은 4차 산업혁명을 이끌 기술을 크게 디지털 기술, 물리학 기술, 생물학 기술로 대별하고, 다시 각 부문별 기술들을 열거하였다. 슈밥은 디지털 기술, 물리학, 생물학 모두 상호 연관되어 있으며, 각 분야에서 이루어진 발전과 진보를 통해 서로 이익을 주고받는다고 하고 있다.

제1절 디지털 기술

1. 사물인터넷

모든 사물이 인터넷에 연결되는 것을 사물인터넷(Internet of Things)이라고 한다. 이 기술을 이용하면 각종 기기에 통신, 센서기능을 장착해 스스로 데이터를 주고받을 수 있게 되고, 이를 처리해 자동으로 구동하는 것이 가능해진다. 교통상황, 주변 상황을 실시간으로 확인하여 무인주행이 가능한 자동차나 집 밖에서 스마트폰으로 조정할 수 있는 가전제품이 대표적이다. 모든 것이 인터넷에 연결된다면 냉장고, 세탁기, 책상, 자동차도 모두 인터넷에 연결되어, 서로 통신하는 세상이 도래하고 손가락 하나만으로 모든 것을 마음대로 조정할 수 있게 되어 삶이 편리하게 된다. 사물인터넷(Internet of Things)은 이러한 세상을 열어주는 기술이다. 모든 사물이 인터넷에 연결되어 서로 정보를 공유하고, 원격으로 조정하는 것이 가능해진 것이다. 즉 사물인터넷은 세상 모든 물건에 통신기능이 장착된 것을 의미하고, 이를 통해 각 기기로부터 정보를 수집하고 이를 가공하여 사용자에게 제공할 수 있다. 대표적인 예가 최근 급성장하고 있는 웨어러블(착용형) 기기다. 시계나 목걸이 형태의 이런 기기는 운동량 등을 측정하고, 스마트폰과 연결되어 전화·문자·웹서핑 등을 가능하게 해준다.

근년에 한국을 비롯한 선진국에서는 초기단계의 사물인터넷 기술들이 대거 적용되어 왔다. 기계간 통신(M2M, Machine To Machine)이라고도 하는 이 기술은 버스나 지하철을 탈 때 교통카드를 갖다 대는 등의 형태라고 보면 된다. 교통카드와 단말기가 서로 통신하여 정보를 교환하고, 결제하는 행위가 이뤄지는 것이다.

2. 무인자동차

무인자동차(self-driving car, autonomous car)도 사물인터넷의 산물이다. 본래 자동차는 운전자의 운전에 따라 움직이는 기계이지만, 사물인터넷 기술이 적용되면 차량 곳곳에 센서가 장착되어, 주변에 있는 장애물을 파악한다. 또 네트워크 기술을 이용하여 탑승자의 목적지를 입력하고, 차가 가장 빠른 길을 찾아간다. 교통신호 역시 네트워크를 통해 판단하고, 차가 자동으로 정지·운전할 수 있다.[15] 자율주행차라고도 한다.

3. 스마트홈

스마트홈(smart home, home automation)은 집안에 있는 모든 가전제품이 하나의 통신망으로 연결해 관리되는 것을 의미한다. 예컨대, 스마트폰을 이용해 모바일 메신저인 카카오톡으로 집안에 있는 에어컨에 메시지를 보내 작동 지시를 하는 것이다.

---

15) www.daum.net

4. 블록체인

블록체인은 '블록(block)'을 잇따라 '연결(chain)'한 모음을 말한다. 블록체인 기술이 쓰인 가장 유명한 사례는 가상화폐인 '비트코인(Bitcoin)'이다. 블록체인은 비트코인 기반 기술이다. '블록체인(Block Chain)' 기술에서 블록(block)에는 일정 기간 동안 확정된 거래내역이 담긴다. 온라인에서 거래 내용이 담긴 블록이 형성되는 것이다. 거래내역을 결정하는 주체는 사용자이다. 이 블록은 네트워크에 있는 모든 참여자에게 전송된다. 참여자들은 해당 거래의 타당성 여부를 확인한다. 승인된 블록만이 기존 블록체인에 연결되면서 송금이 이루어진다. 신용 기반이 아니고, 시스템으로 네트워크를 구성하여 제3자가 거래를 보증하지 않고도 거래당사자끼리 가치를 교환할 수 있다는 것이 블록체인의 구상이다.

비트코인 기술을 처음 고안한 사람은 '사토시 나카모토'(中本哲史)라는 개발자이다. 비트코인은 생긴지 5년 만에 시가총액으로 세계 100대 화폐 안에 들어갈 정도로 성장하였다. 그는 '비트코인 : P2P 전자화폐 시스템'이라는 논문에서 비트코인은 전적으로 거래당사자 사이에서만 오가는 전자화폐라고 정의하였다. P2P(Peer to Peer, 개인 간 접속 방식) 네트워크를 이용하여 이중지급을 방지한다. 즉, P2P 네트워크를 통해 이중지급을 방지하는 데 사용되는 기술이 바로 블록체인이다. 비트코인은 특정한 관리자 없이, P2P 방식으로 작동한다.

이는 인터넷으로 다른 사용자 컴퓨터에 접속해 파일을 교환·공유할 수 있는 서비스로서, 비트코인은 개인이나 회사가 아닌 여러 이용자의 컴퓨터에 분산, 저장된다.

비트코인에서 10분에 한 번씩 만드는 거래내역 묶음이 '블록'이다. 즉 블록체인은 비트코인의 거래기록을 저장한 거래장부로서, 일종의 데이터베이스(DB)로 이해하면 된다. 거래장부를 공개하고 분산하여 관리한다는 의미에서 '공공거래장부'나 '분산거래장부(distributed ledgers)'라고도 불리운다.[16]

---

16) 2016년도 미래창조과학부의 방송통신 발전기금, 정보통신기술진흥센터의 지원 수행 과제. 한국정보통신기술협회 "ICT 표준 확산 연구"

1. 무인 운송수단

　이미 무인자동차, 무인항공기가 등장하였고, 무인잠수정, 무인 보트, 무인 트럭의 이용 증가도 예상되고 있다. 센서와 인공지능의 발달로 드론의 활용은 실생활에서도 기대되고 있는데, 농업분야, 전력선 점검, 수색활동 등 다양한 용도에서 그 활약이 예상된다. 금호아시아나그룹의 경우 '4차 산업혁명 태스크포스(TF)'가 결성되었고, 동 그룹의 회장도 "'4차 산업혁명' 대신에 '4차 산업사회'의 도래라고 부르는 게 맞을 듯하다"고 언급하는 등 관심이 깊다고 한다. 현재 동 TF에서는 화물터미널의 자동화, 외골격 로봇의 도입 등을 통한 무인 운송수단 개발 관련 아이디어를 개발하고 있는 것으로 알려졌다.

　고용노동부는 "사물인터넷(IoT) 융합서비스의 기획, 로봇지능의 개발 등 미래 유망분야 관련 26개가 포함된 50개 국가직무능력표준(NCS)의 신규 개발"을 발표했는데 그 중 소형 무인기(無人機, UAV : Unmanned Aerial Vehicle) 사업이 관심을 끌고 있다. 소형 무인기는 항공산업 시장에서 가장 빠르게 성장하는 분야로서 미국, 유럽시장이 큰 비중을 차지하나, 아시아태평양 지역의 시장성장률도 크게 높아질 것으로 기대된다. 무인기는 영어로 UAV (Unmanned Aerial Vehicle)라고 하는데, UAV라는 약어 외에도 드론(Drone)이라는 용어가 자주 사용된다.

　「구글」(Google)은 무인 풍선 '룬'(Loon)을, 「페이스북」은 무인기 '아킬라'(Aquila)를 개발해 실험 중이라고 한다. 이 두 기체는 성층권에 가까운 고고도를 비행하며, 지상에 무상으로 인터넷통신을 제공한다. 이게 현실화되면 지구 어디서나 무료 와이파이 인터넷을 쓸 수 있게 된다. 「페이스북」이 제작 중인 '아킬라'는 최소 3개월(90일)에서 최장 6개월까지 공중에서 머물도록 설계되었다. 기체 대부분은 양력을 극대화하기 위해 날개로 구성되었다. 날개 길이는 보잉사 여객기인 737과 동일하다고 한다. 날개 표면에는 태양열을 전기로 바꾸는 태양열 패널(panel)이 붙어 있다. 고고도를 날기 때문에 무인기 간 통신 혹은 무인기와 지상 간 통신이 원활하지 않아, 「페이스북」은 레이저를 통신수단(laser communication)으로 활용하기로 하였다. 향후 여러 대의 아킬라 무인기가 공중을 비행하면, 지상의 통신 차폐 지역에 우선적으로 무상 인터넷통신을 제공할 예정이다. 「페이스북」의 창시자 '마크 저커버그' (Mark Zuckerberg)는 스페인에서 열린 「모바일 월드 콩그레스」(Mobile World Congress)에서 '아킬라'의 레이저 통신에 대해 "레이저 통신을 사용하면 미국 캘리포니아에서 뉴욕의 자유의 여신상으로 데이터를 순식간에 전송할 수 있다. 아직 레이저 빔을 조절하는 기술을 더 발전시켜야 하지만, 머지않아 상용화될 것이다. 레이저의 데이터 처리속도는 기존 초고속 통신망보다 10배에서 최대 100배 더 빠르다"고 하였다.

「구글」이 개발 중인 프로젝트 '룬'(Loon)의 개념도 「페이스북」과 다르지 않다. 차이가 있다면 무인비행체의 구성이다. 「페이스북」과 달리 「구글」은 풍선을 열기구처럼 공중에 띄워 비행시킨다는 것이다. 그래서 이름도 '벌룬'(balloon, 풍선)에서 이름을 따 '룬'(Loon)이라고 하였다.

이 풍선 무인기가 지상으로 인터넷 통신을 제공하면, 지상의 사람들이 최대 4G LTE 급의 속도로 인터넷을 즐길 수 있다는 것이 「구글」의 설명이다. 이 풍선은 지상에서 약 20 킬로미터 떨어진 성층권 상공을 난다. 풍선 안에는 헬륨(helium)을 채운다. 특이한 점은 풍선으로 구성된 기체가 대기의 바람을 타고 이동한다는 점이다. 예컨대, 대기의 흐름을 파악해 고도를 바꿔주면, 서쪽으로 날던 풍선이 동쪽으로 가는 식이다. 공중에 떠 있는 풍선 무인기들이 항상 고르게 분포되어 어디서나 원활한 인터넷을 사용할 수 있게 하여 준다. 현재 이 풍선은 약 3개월(100일) 이상 공중에 떠 있으며, 지상에서 조종하여 원하는 위치로 착륙시킬 수 있다. 「구글」은 '룬' 프로젝트를 뉴질랜드에서 실험하고 있다. 「구글」과 「페이스북」의 공통점은 인터넷을 무상으로 제공한다는 것이다. 「구글」과 「페이스북」은 해당 기업의 이미지 제고만이 아니라 방대한 양의 자료 축적을 노리고 있는 것으로 추정되고 있다. 전 세계 인터넷 통신을 장악할 수 있는 계기가 될 수도 있는 것이다. 이런 빅데이터의 위력은 그 잠재력이 매우 커서, 연령, 성, 인종별 특성과 취향을 파악해 광고에 활용할 수도 있고, 지역별 기후 분석, 행동 분석, 의료 분석, 군사력 분석 등에도 사용될 수 있다.

미국 국방부(Department Of Defense)에서 발간한 보고서 '인간체계 로드맵'에 의하면 미국은 인공지능(AI)이 반영될 모든 물체에 대한 대비책을 연구하고 있는데, 동 보고서에서는 무인기를 하나의 체계로 규정하지 않고 이를 모든 기계적 시스템을 포괄하는 자동화 체계(autonomous systems)라고 칭하고 있다.

카이스트(KAIST)의 뇌과학 분야 권위자인 김대식 박사는 본인의 책 「인간 대 기계」에서 "최근 자동차를 비롯한 대다수의 기계에는 인공지능을 탑재해 자체 학습하는 딥러닝(deep learning) 기능이 포함되어 있다"고 하였다. 이는 현재 미국 국방부 보고서에서의 1단계에 해당된다. 향후 5단계에 이르면 다양한 종류의 기계들은 인간의 지시 없이도 묵묵히 본연의 임무를 수행한다고 한다.

□ 미국 국방부의 기계 진화 로드맵

1 단계	학습형 기계(Learning Machine)
2 단계	인간과 기계의 협업(Human and Machine Collaboration)
3 단계	인간 보조적 작전(Assisted Human Operations)
4 단계	인간과 기계의 전투팀(Human and Machine Combat Teaming)
5 단계	자동화 무기(Autonomous Weapons)

2. 첨단로봇공학

로봇공학은 로봇에 관련한 모든 기술에 대해 연구하는 공학이다. 로봇에 관련된 구조설계, 제어와 운용 기술, 지능에 관한 기술 등을 활용하기 위해 기계공학, 전기·전자공학, 컴퓨터공학, 생체공학 등을 융합시켜 적용하는 것이다. 이때 로봇은 사람과 비슷한 기계, 즉 주어진 제어명령에 따라 공학적으로 업무를 처리하는 기계를 의미한다.

그러면 이를 왜 첨단로봇공학이라고 부르는 것일까? 종전에는 방 청소할 때 사람이 청소기를 밀고 다녔는데, 요즘에는 적지 않은 가정에서 사람이 직접 청소기를 잡지 않고, 청소기가 알아서 장애물을 피하며 자동으로 방안을 돌아다니며 청소한다. 과거의 로봇에 강력한 인공지능이 가미되어 엄청난 부가가치를 창출하고 있다.

2016년 이미 알파고와 이세돌 9단 간의 바둑 대결에서 인공지능의 위력이 확인된 바 있다. 산업용 로봇은 생산현장에서 생산라인의 한 과정으로 사용되어 왔는데, 일본에서는 1980년대 중반 후지산 부근 「파낙」(FANUC Co.,) 공장 등의 현장에서 로봇이 일을 하고 이를 바로 옆 사무실에서 직원이 원격조종하는 실정이었다. 오늘날은 센서 등 기술개발의 가속화로 지능형 로봇이 상업화 단계에 들어서 있다. 근년에 가정에서 로봇청소기가 사용되기 시작하였는데, 이는 진화된 로봇으로서 지능형 로봇의 시작 단계로 볼 수 있다. 지능형 로봇이란 로봇에 인공지능이 첨가된 것이다.

4차 산업혁명의 중심에 인공지능이 존재하고 있고, 4차 산업혁명의 진행 과정에서 인공지능의 파급력이 가장 클 것으로 예상되고 있다. 4차 산업혁명의 비결이 융합에 있다고 할 때, 여러 요소들의 융합에 있어서 가장 큰 역할을 하는 것이 인공지능일 것이고 따라서 인공지능은 가히 4차 산업혁명의 핵심이 될 것이다. 현재 IT 기술의 발달과 기계제어 기술의 발전으로 로봇은 산업용뿐만 아니라, 가정용, 국방용, 의료용, 오락용, 교육용 등으로 그 활용범위가 넓어지고 있다.

정부에서는 지능형 로봇산업의 발전과 활성화를 위하여「지능형로봇개발및보급촉진법」에 의거「한국로봇산업진흥원」을 설치하고 있다. 그에 따라 시장창출형 로봇 보급사업이 주목을 받고 있는데, 4차 산업혁명의 핵심사항으로 주목받고 있는 로봇제품의 신시장 창출을 위하여 사업화 직전 단계의 로봇을 수요처에 시범 적용하고, 사업화 적용 실적의 확보와 제품의 우수성 입증의 기회를 제공함으로써 로봇제품의 보급·확산을 촉진하고 있다.

1) 최근의 국산 첨단로봇 상품 사례

(1) (주)로보프린트의「아트봇」

(주)로보프린트의 대표 제품「아트봇」은 전 세계 유일무이한 다목적 광고벽화 로봇이다. 대형 건축물이나 아파트 외벽에 도장을 하는 작업 중 사람이 표현하기 어려운 이미지를 인쇄하듯 찍어내 인력 동원 없이도 안전하게 도장공사를 수행할 수 있다.

(2) SK 텔레콤(주)의「알버트」

SK 텔레콤(주)의 스마트 로봇「알버트」는 다양한 센서를 활용한 로봇의 움직임을 통해 프로그래밍을 보다 쉽게 배울 수 있는 코딩 교육용 제품이다.

(3) (주)헬퍼로보텍의 초정밀 접목로봇과 스마트 파종로봇

자동화 농업로봇 선두 기업으로 꼽히는 (주)헬퍼로보텍은 농업용 파종로봇과 접목로봇을 생산한다. 이 회사의 '초정밀 접목로봇'은 정부가 인증한 세계 일류상품으로서 대목(臺木)과 접수(椄穗)의 절단면을 촬영, 중심선을 찾아 1/100mm 이내의 오차로 정확한 접목 위치를 찾아 연결시킨다. '스마트 파종로봇'은 기존의 자동 파종로봇 대비 속도가 2배 향상된 제품인데, 양파 육묘용 최적 모델로 평가되고 있다.

(4) 아이로의 로봇물고기

아이로는 '로봇물고기'라 불리는 수중로봇 및 솔루션을 공급하는 회사이다. 로봇물고기에 수조가 반응하는 「인터랙티브 아쿠아리움」(Interactive Aquarium)이 일반에게 공개되었다. 특히 로봇물고기를 조종해 수조 공간에서 축구경기를 즐길 수 있는 게임도 내놓았다.

(5) 큐렉소(주)의 티솔루션 원

큐렉소(주)는 수술과 재활에 사용되는 의료로봇 전문기업이다. '티솔루션 원'은 인공관절 치환수술 시 오차범위 0.1mm 이내의 정밀한 수술이 가능하도록 설계된 인공관절 수술로봇 이다.

(6) HMH의 엑소워크

HMH의 '엑소워크'는 환자나 장애인의 하지근육 재건, 관절 회복 등 재활 및 치료를 위해 사용되는 궤도형 보행훈련 로봇이다. 외골격 제어형인 이 로봇은 환자가 정확한 보행 패턴 을 습득하고, 빠른 보행훈련을 할 수 있게 도와준다.

(7) (주)맨엔텔의 체간 안정화 재활 로봇

(주)맨엔텔은 상하지가 마비된 환자에게 체간교정과 일어서기 훈련을 시켜주는 '체간안정 화 재활 로봇', 팔과 어깨의 경직된 근육과 관절 회복 및 재건을 돕는 상지재활 로봇 '가밀 로'를 제작하였다. 모든 훈련은 게임 콘텐츠와 연동되어 인지재활에도 도움을 준다.

3. 삼차원 프린팅

4차 산업혁명, 제조업의 혁신 혹은 생산의 민주화를 이끌 기술로서, 삼차원 프린팅(3D printing) 기술은 지금 산업 현장 최첨단에서 가장 주목받는 기술이다. 이는 프린터로 물체 를 뽑아내는 기술을 말한다. 2D 프린터가 활자나 그림을 인쇄하듯이, 3D 프린터는 입력한 도면을 바탕으로 3차원의 입체물품을 만들어낸다. 잉크젯프린터가 디지털화 된 파일이 전송 되면 잉크를 종이 표면에 분사하여 2D 이미지(활자나 그림)를 인쇄하는 원리와 같다. 2D 프 린터는 앞뒤(x 축)와 좌우(y 축)로만 운동하지만, 3D 프린터는 여기에 상하(z 축) 운동을 더하 여 입력한 3D 도면을 바탕으로 입체물품을 만들어낸다.

입체 형태를 만드는 방식에 따라 크게 한 층씩 쌓아 올리는 적층형(첨가형 또는 쾌속조형 방식)과 큰 덩어리를 깎아가는 절삭형(컴퓨터 수치제어 조각 방식)으로 구분한다. 적층형은 파우더(석고나 나일론 등의 가루)나 플라스틱 액체 또는 플라스틱 실을 종이보다 얇은 0.01

~0.08mm 의 층(layer)으로 겹겹이 쌓아 입체형상을 만들어내는 방식이다. 층(layer)이 얇을 수록 정밀한 형상을 얻을 수 있고, 채색을 동시에 진행할 수 있다. 절삭형은 커다란 덩어리를 조각하듯이 깎아내 입체 형상을 만들어내는 방식이다. 적층형에 비하여 완성품이 더 정밀하다는 장점이 있지만, 재료가 많이 소모되고 컵처럼 안쪽이 파인 모양은 제작하기 어려우며 채색 작업을 따로 해야 하는 점이 단점이다.

제작 단계는 모델링(modeling), 프린팅(printing), 그리고 피니싱(finishing)으로 이루어진다. 모델링은 3D 도면을 제작하는 단계로서, 3D CAD(Computer Aided Design)나 3D 모델링 프로그램 또는 3D 스캐너 등을 이용하여 제작한다. 프린팅은 모델링 과정에서 제작된 3D 도면을 이용하여 물체를 만드는 단계로서, 적층형 또는 절삭형 등으로 작업을 진행하는 것이다. 이때 소요시간은 제작물의 크기와 복잡도에 따라 다르다. 피니싱은 산출된 제작물에 대해 보완 작업을 하는 단계로서, 색을 칠하거나 표면을 연마하거나 부분 제작물을 조립하는 등의 작업을 진행하는 것이다.

3D 프린터는 본래 기업에서 어떤 물건을 제품화하기 전에 시제품을 만들기 위한 용도로 개발되었다. 1980년대 초에 미국의 「3D 시스템즈사」에서 플라스틱 액체를 굳혀 입체물품을 만들어내는 프린터를 처음으로 개발한 것으로 알려져 있다. 플라스틱 소재에 국한되었던 초기 단계에서 발전하여 나일론과 금속 소재로 범위가 확장되었고, 산업용 시제품뿐만 아니라 여러 방면에서 상용화 단계로 진입하였다. 의료계에서는 환자에게 딱 맞는 인공관절이나 인공장기를 만드는 등 정밀도가 필요한 분야에 3D 프린터를 활용하고 있다.

4. 신소재

신소재는 지금까지 없던 새로운 소재, 또는 이미 있던 소재에 새로운 기술을 더하여 전혀 성질이 다르게 만든 소재를 말한다. 신금속 재료·파인 세라믹스·기능성 고분자 재료 등 각종 신소재의 개발에 의하여 에너지 분야·항공우주 분야·의료기기 분야 등에 많은 발전이 시현되고 있다. 널리 알려진 신소재로는 다음과 같은 것들이 있다.

1) 광섬유

광섬유(光纖維)는 석영과 유리 따위로 만든 유리섬유이다. 소리·그림 따위의 신호를 실어 보내는 데 널리 쓰인다. 광섬유로 통신을 하면, 이제까지 사용해 온 구리선에 비해 수천 배 이상의 정보를 더 빠르고 깨끗하게 보낼 수 있다.

2) 파인 세라믹스

세라믹스는 광물을 높은 온도에서 처리해서 만든 재료이다. 우리 주변에는 찻잔이나 접시·유리, 그리고 시멘트 따위의 많은 세라믹스 제품이 있다. 세라믹스는 단단하고 전기를 통하지 않는다는 장점이 있으나, 깨어지기 쉬운 단점이 있다. 이러한 단점을 보완한 새로운 세라믹스를 파인 세라믹스(fine ceramics)라고 한다. 가위나 칼 따위와 같은 공구의 재료, 그리고 반도체·자동차 엔진·의료기기 따위를 만드는 데 널리 쓰인다.

3) 형상 기억 합금

형상 기억 합금은 처음의 모양을 기억하고 있는 성질을 가진 합금이다. 이 금속은 모양이 바뀌기 전의 자기 모습을 기억하고 있다가, 그 때의 온도가 되면 처음 모습으로 되돌아간다. 우주선의 안테나, 항공기의 파이프 연결 장치, 그리고 인공근육 따위의 의료분야 등에서 널리 사용된다.

4) 기타 신소재

보통 금속보다 2~3배 강한 아모르퍼스(amorphous, 非結晶性物質) 합금, 내열재·방음재·플라스틱 재료의 강화 섬유로 쓰이는 탄소섬유 등 외 다음과 같은 신소재가 있다.[17]

(1) 그래핀

탄소원자로 만들어진 원자 크기의 벌집 형태 구조를 가진 소재이다. 흑연(graphite)을 원료로 하여 만들기 때문에 명칭도 그래핀(graphene)이라고 부른다. 그래핀은 현존하는 소재 중 특성이 가장 뛰어난 소재이다. 두께가 0.2nm로 얇아서 투명성이 높고, 상온에서 구리보다 100배 많은 전류를, 실리콘보다 100배 빨리 전달할 수 있다. 더욱이 열전도성이 최고라는 다이아몬드보다 2배 이상 높다. 기계적 강도도 강철보다 200배 이상 강하지만, 신축성이 좋아 늘리거나 접어도 전기전도성을 잃지 않는다. 이러한 우수한 특성 때문에 미래기술로 각광받고 있는 휘어지는 디스플레이(flexible display)와 투명 디스플레이(transparent

---

17) www.daum.net

display)는 물론, 입는 컴퓨터(wearable computer)에 적용할 수 있는 차세대 소재이다.[18]

(2) 열경화성(熱硬化性) 플라스틱(thermosetting plastic)

성형 전의 단계에서 중합반응이 완결되어 있지 않은 사이에는 열가소성(熱可塑性, thermo plastic, 가열하면 연화하여 쉽게 변형되고, 식히면 다시 굳어지는 성질)이 있지만, 형성 때의 가열 혹은 촉매에 의한 종합반응이 완료되면 고화하고 다시 가열해도 연화되지 않으며, 또 어떤 용매에도 녹지 않는 수지이다. 그 분자 구조는 입체적인 3차원 구조를 가지고 있다.[19]

제3절 생물학 기술

1. 유전공학

유전공학은 생물의 유전자 조작 기술 등을 이용하여 활용하는 학문이다. 예컨대 DNA 의 구조와 기능을 활용하여, 더 좋은 결과물을 만들어내는 것 등으로 이해된다. 유전공학의 대표적인 기술은 유전자 재조합 기술인데, 유전공학은 바로 유전자 재조합 기술의 출현과 함께 탄생하였다고 해도 과언이 아니다. 유전자 재조합이란 생물의 형태·모습·성질 등을 결정짓는 유전자를 꺼내어, 그것을 인공적으로 조작하여 새로이 변형된 유전자를 만드는 기술이다.

관련기술의 발달로 유전자 염기서열의 분석비용이 줄고, 절차도 간소해지고 있다. 최근에는 유전자 활성화 및 편집기술까지 가능해지고 있다. 유전공학을 이용하여 특정 유전자변이가 어떻게 유전적 특성과 질병을 일으키는지 연구할 수 있게 되어, 향후 의학계에 일대 혁명이 예상된다. 인류의 암 정복시기를 앞당길 수 있는 수단 중 하나가 더 늘어난 셈이다.

농업분야에서도 품종개량에 의한 대량생산 등이 기대되어 식량난의 해결에 대한 희망을 갖게도 하였는데, 안전성 문제가 꾸준히 제기되고 있고 아직 최종 결말이 나지 않은 상태이다.

---

18) 한국정보통신기술협회
19) www.daum.net

2. 합성생물학

　합성생물학(synthetic biology)은 생명과학적 이해의 바탕에 공학적 관점을 도입한 학문으로서, 자연계에 존재하지 않는 생물적 구성요소와 시스템을 설계·제작하거나 자연계에 존재하는 생물시스템을 재설계 제작하는 두 가지 분야를 포괄한다. 즉, 합성의 의미는 ① 합성 세포 또는 새로운 바이오시스템을 제작하기 위한 유전자 합성과, ② 세포로부터 고성능의 생물학적 물질을 고효율로 합성하는 것을 모두 포함한다. 이를 위하여 여러 공학기술에서 적용하는 부품화, 표준화, 모듈화라는 공학적 개념을 생물학에 도입한 것이 합성생물학이다. 이에 따라 생물학적 지식 뿐 아니라, 기계, 전기, 전자 및 컴퓨터 프로그램 관련 논리적 사고가 요구된다.

　유전자의 표준화는 각종 유전자를 취급하는 합성생물학에서 필수과정이다. 유전자의 표준화란 특정 유전체를 특정 종의로의 이식 가능성과 이식했을 때의 성능을 미리 검증하여 정보체계를 구축하는 것으로서, 다른 종에서 유래한 유전자를 이식하기 위해 매번 시험할 필요가 없으므로 시간과 비용을 상당히 단축할 수 있게 된다. 합성생물학 분야는 전 세계적으로 급격히 성장하고 있고, 학술적, 상업적인 가치가 매우 큰 것으로 인정되고 있다.

　합성생명학과 비슷한 분야로 생정공학(生情工學, biomatics)[20]이 있는데, 생정공학은 생명현상을 정보처리 현상으로 이해하여 그 모든 기초원칙을 수학적으로 설명할 수 있다고 가정한다. 그에 비해 합성생물학은 화학과 생명과학의 응용분야로서, 그 원칙의 이해보다는 생명체를 합성하여 다양한 분야에 응용하는 것을 우선으로 한다. 또한 합성생물학은 유전자를 조작하여 인간에게 이로운 산물을 얻어내는 대사공학(metabolic engineering) 및 유전공학(genetic engineering)과도 유사하다. 그러나 합성생물학은 공학적 접근을 통해 생물시스템을 분석하고 설계하기 때문에, 기존의 DNA, 세포, 그리고 개체 등을 수정 및 변경하는 유전공학과는 다소 차이가 있다.[21]

---

20) 생정공학(生情工學)은 생명 현상을 정보처리라는 관점에서 파악하고, 그것을 전산이나 기계적으로 구현하는 공학의 한 분야이다.
21) ko.m.wikipedia.org

3. 생물공학

생물공학(生物工學, biological engineering, bio-engineering)은 생명과학과 관련된 실생활 문제를 해결하기 위하여, 생물학의 개념과 방식을 응용하는 학문이다. 생물학 기술은 농작물의 대량생산, 신품종의 개발, 인간의 난치병 해결 가능성 등 다양한 방향에서 인류의 기대감을 높이고 있는 분야다.

제4절 4차 산업혁명의 5대 핵심 기술

1. 4차 산업혁명의 주요 기술

다보스포럼 및 4차 산업혁명에 관한 논의 등에서 언급되는 주요 기술은 사물인터넷, 인공지능, 로봇공학, 빅데이터, 3D 프린팅 등 5대 기술이다.

그리하여 주로 ICT 관련 기술이나 이러한 기술이 물리학, 생물학과 융합되어 스마트 공장, 무인 자율주행자동차 등 새로운 제품 및 서비스를 창출하며, 사물인터넷 등 주요 기술의 발전과 기술 간의 융합이 4차 산업혁명을 촉진하게 된다.

주요 기술	내 용
인공지능 (AI)	• 컴퓨터가 사고, 학습, 자기계발 등 인간 특유의 지능적인 행동을 모방할 수 있도록 하는 컴퓨터공학 및 정보 기술
로봇공학	• 로봇공학에 생물학적 구조를 적용함에 따라 더욱 뛰어난 적응성과 유연성을 갖추고 정밀농업에서 간호까지 다양한 분야의 광범위한 업무를 처리할 만큼 활용도가 향상
사물인터넷 (IoT : Internet of Things)	• 사물에 센서를 부착하여 실시간으로 데이터를 네트워크 등으로 주고받는 기술 • 인간의 개입 없이 사물 상호간 정보를 직접 교환하며 필요에 따라 정보를 분석하고 스스로 작동하는 자동화 [ex : IoT + AI + 빅데이터 + 로봇공학 ⇒ 스마트공장(CPS, 사이버물리시스템)]

주요 기술	내 용
빅데이터 (Big Data)	• 디지털 환경에서 생성되는 다양한 형태의 방대한 데이터를 바탕으로 인간의 행동패턴 등을 분석 및 예측하고, 산업현장 등에서 활용하면 시스템의 최적화 및 효율화 도모 가능 (ex : 빅데이터+AI+금융정보 ⇒ 투자 로봇어드바이저 　　　빅데이터+A+의학정보 ⇒ 개인맞춤형 헬스케어)
3D프린팅 (Additive manufacturing)	• 입체적으로 형성된 3D 디지털 설계도나 모델에 원료를 층층이 겹쳐 쌓아 유형의 물체를 만드는 기술로서, 소형 의료 임플란트에서 대형 풍력발전기까지 광범위하게 응용 가능 (ex : 3D프린팅+바이오 기술 ⇒ 인공장기 제조)

(한국은행, WEF)

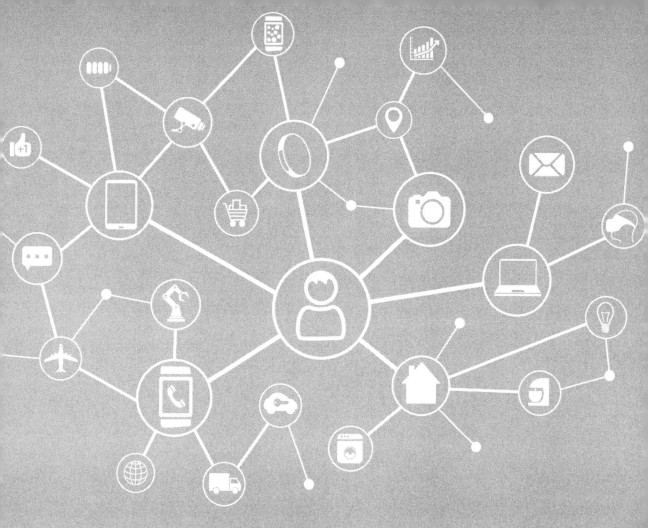

04
CHAPTER

스마트 시대
- 평생직장 시대에서 평생직업의 시대로 -

INDUSTRIE
4.0

제1절 4차 산업혁명의 시대는 스마트 시대

4차 산업혁명 시대는 인공지능, 첨단로봇, 사물인터넷 등 기계의 인공지능화 및 자동화에 따라 주변이 모두 스마트화되어 간다. 기계가 지능화되고 첨단화되면 그 기능이 매우 많아진다. 스마트폰도 처음보다 기능이 많아져서, 그 사용에 익숙해지기까지 힘들고 시간이 많이 걸린다. 과거 한글프로그램에 익숙해진 이후 새로운 한글버전이 나오면 그 사용이 힘들게 되었던 경험들이 있다. 소화기구 장치들도 역시 새로운 기계와 장치 사용의 복잡화로 스트레스를 받을 정도이다.

1. 스마트 근로자

4차 산업의 시대에는 스마트 근로자를 원하는 직장이 증가할 전망이다. 공무원, 교사, 의사 등 신분이 비교적 안정적인 직업군은 비교적 영향을 덜 받겠지만, 상당수 직종에서는 큰 영향이 예상되고 이미 이런 조짐이 엿보이고 있다. 취업준비생의 경우 외국어와 전산은 기본이 되었고, 기타 자격증까지 취득하려고 학교 강의는 물론 학원 수강까지 하는 등 면학에 힘쓰고 있다. 과거의 단순근로 업종에도 요즈음은 여러 자격과 능력을 갖춘 자, 즉 스마트 근로자를 원하고 있는 취업처가 늘고 있다.

① 서비스업 계통에서도 최저임금의 인상 등에 의한 구조조정으로 인원을 줄이고 있는데, 근로자들에게 단순판매 관련 노동만이 아니라, 재고관리, 회계 등 사무처리까지 원하고 있다.

② 아파트, 공장, 빌딩, 학교 등 경비업무 회사 측은 CCTV 등 감시업무가 자동화되면서 경비인원이 줄어듦과 동시에, 계속 남아 있게 된 직원에게는 단순경비업무만이 아니라 첨단기계 장비를 다루는 능력까지 기대하고 있다. 뿐만 아니라 안전과 보안이 강조되면서 감시와 경비업무 외에 소화장비까지 다룰 수 있기를 바라다 보니, 경비원 자격(경비교육 이수) 외에 소방안전관리자(2급) 혹은 가스안전관리자를 요구하는 곳도 생겨나고 있다.

③ 일부에서는 직원채용 시 여러 능력을 요구하기도 한다. 사회복지 관련 전공자들을 채용하는 어느 공공단체에서는 사회복지 관련 자격증은 물론이고, 한글, 엑셀, 파워포인트의 능숙함을 요구하며, 어느 곳은 1종운전면허를 요구하는 곳도 있다.

구인업체 측에서는 한정된 예산과 최저임금 인상의 부담 등 여러 사정으로 인하여 수요업무를 자동화로 대체하려 하고 있다. 인공지능과 첨단로봇에 의해 자동화가 과거에 비해 수월해지고 있기 때문에, 갈수록 이를 다룰 줄 알고 전문지식과 기량이 있는 스마트근로자를 원하고 있다.

기업들은 막상 바로 쓸 인재가 부족하다고 하며, 학력보다 자격증 취득 여부와 직업실무 능력을 중시하고 있다. 사물인터넷 전문가, 코딩 전문가, 3D 프린터 전문가, 생명공학 전문가들이 주목의 대상이 되기도 한다.

2. 스마트 공장

스마트 공장(smart factory)은 제조 장비와 물류시스템들이 인간의 개입 없이 폭넓게 자율적으로 조절되고 운용되는 공장이다. 스마트 공장의 기술적 기반은 사물인터넷에 의하여 상호 커뮤니케이션하는 사이버물리시스템(CPS : Cyber Physical System)이다.

사이버물리시스템(CPS)은 가상세계와 물리적 실체가 연동된 시스템을 말하며, 가상의 영역에 속하는 컴퓨팅, 통신, 그리고 제어를 실제 물리적 세계와 통합한다. 스마트 공장은 4차 산업혁명이 제조업에 주는 메시지 중 가장 뚜렷한 특징으로서, 전체 산업에 혁명을 불러일으킬 것으로 예상된다.[22]

'4차 산업혁명'이라는 용어가 2016년 「세계경제포럼」에서 나오기 전에, 사실 그 몇 년 전부터 독일에서는 Industrie 4.0이라는 명칭으로 제조업 혁명이 시작되고 있었고, 이제 바야흐로 생산된 제품의 서비스분야까지 확장되고 있다. 독일은 제조업의 경쟁력을 바탕으로 생산부문에 CPS를 우선적으로 도입했으며, 이러한 CPS를 기반으로 스마트 공장을 구축하였다. 이를 통해 개인 맞춤형 생산이 가능해지고, 제품도 스마트해졌다. 이를 의료, 운송, 에너지 등 서비스 부문 전반의 디지털경제로 이행하여, 스마트 서비스 세상(smart service world)이라는 폭넓은 계획이 추진되고 있다. 독일 Industrie 4.0의 핵심은 제조업과 첨단 IT 산업의 융합이다. 사물인터넷(IoT)을 통하여 기계가 서로 소통하게 만들고, 높은 부가가치를 창출하는 데 초점을 둔다.

국내에서도 스마트 공장의 건설 수요가 늘고 있는데, 스마트 공장 관련업체인 산업용 사물인터넷 전문업체 「어드밴텍」 한국지사는 스마트 공장, 솔루션 레디 플랫폼, 클라우드, IoT 솔루션에 대한 다양한 콘텐츠를 갖추고 사업을 확대하고 있다. 매년 두 자릿수의 성장세가 이어지고 있다고 한다.

스마트 건설 분야에서 가장 발 빠르게 움직인 곳은 철강업계이다. 철강협회 회장(포스코 회장)은 국내에서는 철강업이 4차 산업혁명을 주도해야 한다고 주장하였다. (주)포스코의 경우 신(新)중기전략을 발표하였는데, 철강과 비철강 부문, 내수와 수출의 균형을 이룬다는 목표와 함께 미래 제조업의 경쟁력 강화를 위한 스마트 팩토리 사업의 집중 육성전략도 포함시켰다. 이를 위해 (주)포스코는 향후 3년간 스마트 팩토리 체제로의 전환, 오랜 현장 경험과 축적된 노하우를 바탕으로 인공지능 기술, 사물인터넷, 빅데이터를 접목하여 최고 품질의 월드프리미엄(WP) 제품을 가장 경제적이고 효과적으로 생산한다는 계획을 갖고 있다. 먼저 제철소 공장 곳곳에 IoT 센서와 카메라를 설치하며 매일 1테라바이트(TB)가 넘는 데이터를 축적하는 한편, 이를 토대로 생산효율성 강화에 더욱 박차를 가하고 있다.

이미 포항제철소 2열연공장과 광양제철소 후판공장은 스마트 팩토리 시범공장으로 지정되어 가동되고 있다. 특히 이들 공장에 적용된 '인공지능 기반 도금량 제어 자동화 솔루션'

---

22) 한경 경제용어사전

의 경우 자동차강판 생산의 핵심기술인 용융아연도금(CGL)을 AI를 통해 정밀하게 제어하고 도금량 편차를 획기적으로 줄이는 데 성공하였다. 아울러 (주)포스코는 앞으로 포스코건설, 포스코에너지, 포스코 ICT 등 그룹의 주력 계열사들을 모두 참여시켜, 스마트 팩토리·스마트 빌딩 앤 시티·스마트 에너지 등 전체 사업영역에 플랫폼을 구축하고 있다.

현대제철(주)는 물류 및 생산 효율성을 이전보다 2배 이상 끌어올리기 위해 당진제철소에 '스마트 물류시스템'을 도입하였다. 먼저 현대제철은 물류 계열사인 현대글로비스와 함께 빅데이터 데이터베이스(DB) 구축을 논의하였고, 기존 2차원 바코드 시스템에서 탈피하여 스마트 센서로 작업자 및 철강제품의 실시간 데이터를 수집함으로써, 공정 프로세스를 최적화하는 것은 물론, 모바일기기와 GPS를 활용한 물류 트래킹체계의 구축으로 물류운송 시간도 단축하고 있다.[23]

㈜하림은 4차 산업혁명의 기술 집합체인 스마트 팩토리의 실현과 동물복지형 고품질 제품 생산시설을 구축하고 있다. 새로 구축되는 설비는 동물복지 및 방혈(放血) 효과를 높이기 위해 CO_2 가스 실신 시스템과 오토칠링 시스템, 세척 자동화를 위한 운송모듈 자동 공급 장치, 공장 오염 제로화를 위한 최적의 공기 청정 시스템이다. 라인별 냉각시간 자동조절로 최적화된 도체온도를 조정해 닭고기 고유의 풍미를 유지하고, 유통과정에서 신선도를 유지하여 최고 품질의 제품을 생산하게 된다.[24]

3. 스마트 전철

지금껏 기차와 전철은 기관사가 운전하였다. 그러나 최근 개통된 용인경전철에는 기관사가 없이, 지능형 시스템으로 모든 운행이 자동화되어 있다. 용인경전철은 개통에 앞서 말이 많았지만, 개통 이후 지속적인 승객의 증가로 초기의 적자 기조가 대폭 완화되어, 흑자전환을 바라보는 상황이 되었다. 용인경전철의 특징은 기관사 없이 모든 것이 자동화되었을 뿐 아니라, 실내가 쾌적하며 엘리베이터 및 에스컬레이터 등 부대시설의 완비로 접근성과 편리성이 매우 높아진 것이다. 당연히 승객들의 만족도도 상당히 높아지고 있다.

---

23) 경제신문 "뉴스웨이" 2017.10.3. 기사
24) 뉴시스 2017.9.27. 기사

4. 스마트 빌딩

건축, 통신, 사무자동화, 빌딩 자동화 등의 4가지 시스템이 유기적으로 통합된 첨단 정보 빌딩을 말한다. 미국에서는 1984년부터 'intelligent building' 혹은 'smart building'으로 불리고 있으며, 일본에서는 '인텔리전트 빌딩', 한국에서는 '첨단 정보빌딩'이라고 불려 왔다. 근년에는 4차 산업혁명의 진행과 함께 우리나라에서도 스마트 빌딩이라는 용어를 사용하기 시작하였고 "한국 빌딩스마트협회"도 출범하였다. 한국 빌딩스마트협회는 한국 건설실무분야에서 BIM(Building Information Modeling, 빌딩정보모델) 및 첨단건설 IT 의 연구, 보급 및 적용 촉진을 목적으로 설립되었다.

「슈나이더 일렉트릭」(Schneider Electric, SE)은 홍콩에서 개최한 '2017 이노베이션 서밋 홍콩'에서 스마트 빌딩을 위한 협업 기반의 개방형 사물인터넷(IoT) 플랫폼인 '에코스트럭처 빌딩'을 공개하였다. 이는 빌딩 소유자, 부동산 개발업자, 시스템 통합업체, 시설 관리자 및 빌딩 입주자의 요구사항에 부응할 수 있도록, 빌딩 에코시스템 전반에 걸쳐 대폭 향상된 가치를 제공하는 통합 솔루션이다. '에코스트럭처 빌딩'은 빌딩 관리 소프트웨어와 하드웨어를 결합한 혁신적이고 민첩한 솔루션이다. 사용자가 빌딩 데이터로부터 가치 있는 통찰력을 확보하여 스마트하고 쾌적함과 동시에, 30% 이상 효율적으로 빌딩 환경을 조성할 수 있도록 지원한다. 이러한 포괄적인 솔루션은 사물인터넷 기술을 활용하여 센서에서 서비스에 이르기까지 모든 것을 연결한다. 따라서 에너지, 공조시스템(HVAC : Heating, Ventilation, Air Conditioning system), 조명, 화재 안전, 보안, 업무현장 관리 등의 주요 빌딩 시스템을 통합한다. '에코스트럭처 빌딩'은 클라우드 등 오늘날 비즈니스가 요구하는 사항을 충족할 수 있도록 설계되었다. 클라우드 또는 회사 내에 배치할 수 있는 옵션과 중대형 및 다중 사이트 빌딩 엔터프라이즈에서도 손쉽게 확장 가능한 기능을 가지고 있다.

또한 최상의 사이버 보안을 지원하며 「슈나이더 일렉트릭」과 타사 제공업체의 주요한 빌딩 시스템 간 데이터와 분석을 안전하게 교환할 수 있도록 업계 표준 및 IP 기반의 개방형 프로토콜을 지원한다. 에코스트럭처 빌딩 오퍼레이션은 빌딩 운영을 보다 쉽게 모니터링하고, 관리 및 최적화할 수 있도록 시스템 및 애플리케이션 데이터를 통합하는 빌딩관리 소프트웨어이다. 에코스트럭처 빌딩 오퍼레이션 「에너지 엑스퍼트」는 전력소비의 추계 및 청구비용의 배정을 하고, 에너지를 절약하는 빌딩관리 에너지 모듈이다. 에코스트럭처 시큐리티 엑스퍼트는 출입 통제 및 침입 감지가 통합된 안전한 비즈니스 환경을 구축하여 효율성을 높여주는 보안솔루션이다. 에코스트럭처 파이어 엑스퍼트는 클라우드의 화재 시스템 데이터에 즉각적인 액세스를 제공함으로써, 시간을 절약할 수 있는 화재 솔루션이다. 에코스트럭처 빌딩 어드바이저는 빌딩 성능을 지속적으로 모니터링하고, 사전에 문제를 진단해 에너지 및 유지보수 비용을 최대 30%까지 절감할 수 있는 동시에 입주자의 편의성을 개선해 주는 실행 가능한 인텔리전스를 제공한다. 에코스트럭처 워크스페이스 어드바이저는 부동산 가치를 극대화하고 직원의 경험을 향상시키는 데 필요한 데이터 기반 의사결정을 수행하며, 공간 활용률을 보다 잘 파악하는 데 도움을 주어 설비 사용률을 최적화한다. 에코스트럭처 앱스 스튜디오는 실내 온도, 조명, 블라인드 조절, 기타 사용자 관련 편의 기능을 쉽게 액세스하고 제어할 수 있도록 함으로써, 편안하고 안전한 모바일 애플리케이션 구축에 도움을 주는 애플리케이션 개발 플랫폼이다.

'에코스트럭처 빌딩'은 슈나이더 일렉트릭 에코스트럭처 아키텍처의 일부로서 빌딩, 그리드, 산업 및 데이터센터의 고객에게 '모든 레벨에서의 혁신'을 제공하는 개방형 상호운용 시스템 아키텍처이다. 슈나이더 일렉트릭의 커넥티드 제품과 애플리케이션, 분석 및 서비스를 통한 엣지 컨트롤을 결합하여 데이터를 실행 가능한 통찰력으로 전환한다. 「슈나이더 일렉트릭」의 빌딩 관리 부문 수석 부사장인 마니쉬 쿠마르(Manish Kumar)는 "커넥티드 인텔리전스 시스템과 장치의 확산으로 인해 빌딩 수명의 효율성 개선뿐 아니라 입주자의 편의성과 직원 만족도에 영향을 줄 수 있는 방대한 데이터가 구축되었다"며 "에코스트럭처 빌딩은 고객이 현대적이고 쾌적한 빌딩을 구축하여 생산성을 높일 수 있도록, 혁신을 이끌어내는 개방형 협업 플랫폼을 제공함으로써 패러다임 전환에 대응한다"고 설명하였다.[25]

삼성전자(주)는 인공지능이 관리하는 스마트 빌딩을 개발하였다. '인공지능'(AI)으로 최적의 냉난방, 무선통신, 그리고 센서 등 빌딩 전체를 관리한다. 2017.9.19.~22. 일산 킨텍스에서 열린 전시회에서 삼성전자(주)는 스마트 빌딩 솔루션 'b.IoT'를 전시하였는데, 'b.IoT'는 사물인터넷(IoT) 기술을 기반으로 공조, 조명, 네트워크, 그리고 보안 등 다양한 설비를 하나의 시스템으로 통합하여 빌딩 운영을 효율적으로 지원한다.

와이파이, 블루투스, 지그비 등 무선통신 기능으로 빌딩관리에 필요한 센서, 폐쇄회로(CC)TV, 스마트 컨트롤러 등 주요 기기를 통합 관리할 수 있다. 이는 초기 투자비용이 큰 유선 방식 대비 비용을 크게 절감할 수 있다. 시간대별 전기요금제를 감안하여 냉난방을 하고, 데이터 기반 제어가 가능하여 기후 데이터를 분석한다. 사람의 활동량과 옷 두께까지 고려

---

25) ZD Net Korea 2017.9.26.

하여 최적의 온도를 산출하며, 25%까지 에너지 사용량을 절감할 수 있다고 한다.

LG전자(주)는 에너지 관리분야 솔루션인 '비컨'(BECON : Building Energy Control)을 선보였다. 이는 건물의 공조, 조명장치 작동상태와 전력 사용량을 모니터링하는 시스템이다. 건물 전체의 에너지 사용량을 분석하고 예측하여, 에너지를 가장 효율적인 방식으로 제어한다.[26]

5. 스마트 도시

스마트 도시는 인공지능(AI)과 사물인터넷(IoT) 기술이 가미된 첨단도시이다. 사물인터넷 (IoT), 사이버물리시스템(CPS : Cyber Physical Systems), 빅데이터 솔루션 등 최신 정보통신 기술(ICT : Information & Communication Technology)이 적용된 스마트 플랫폼의 구축으로 도시가 정보화되고 자동화되는 것이다.

경기도 평택시는 5G(fifth-Generation mobile communications) 이동통신 등 첨단기술을 활용하여 스마트 도시 추진에 착수하였다. 평택시는 2017년 10월 이 같은 내용의 스마트시티 구현을 위한 도시계획안을 국토교통부에 승인 신청하여 2022년까지 연차적으로 440억 원을 투입해 모빌리티(mobility), 에너지(energy), 리빙(living), 안전(safety), 복지(welfare) 등 5개 분야에서 10개의 기존 서비스를 고도화하고, 16개의 신규 서비스를 제공하게 된다. 평택시는 스마트시티 통합운영센터를 통하여 방범 CCTV, 교통정보(BRT), 실시간 교통제어, 모바일 을 활용한 생활정보 등 기존 서비스를 통합 운영할 계획이다. 이 밖에도 대규모 산업단지의 조성과 주한미군기지의 이전 등 도시구조의 개편에 따른 안전도시 구상, 원도심 지역 내 ICT 기술 적용, 어린이, 여성, 노약자를 위한 맞춤형 정보서비스를 제공할 예정이다. 시 관계자는 "신도시 개발사업, 원도심 재생사업, 기존 도시기반시설 등에 IoT, 빅데이터, 5G 와 같은 첨단기술을 적용하여 지능화된 스마트 도시를 추진한다"고 하였다.[27]

현 정부는 2018년 1월 29일 세종시 '세종 5-1 생활권'과 부산시 '에코델타 시트' 두 곳을 인공지능(AI) 기술이 적용된 재난·에너지 관리 시스템과 자율주행차 등이 구현되는 스마트 시티 시범도시로 선정하였다.

---

26) 매일경제 2017.9.19.
27) 뉴시스 2017.9.26.

6. 스마트 독서실

스마트 독서실은 요금이 일반 독서실에 비해 상당히 비싼 편이지만, 모든 시설이 자동화, 첨단화된 독서실이다. 고가의 독서실임에도 빈 자리가 거의 없다. 모든 전기, 조명, 수도, CCTV 등 내부감시, 방화 및 방범관리 등이 모두 중앙에서 통제되고 있다. 이제는 독서실도 스마트 독서실 시대로 전환하고 있다. 과거와 같은 우중충하고 외진 동네 독서실이 아니라, 천연조명, 첨단감시장비에 의한 안전관리, 소방 및 방범·방화, 기타 음료, 음식서비스 등 첨단 서비스가 제공되고 있다.

7. 스마트 PC 방

얼마 전까지 PC 방은 사양산업으로 여겨지고 있었고, PC 방은 금연이 실시되면 엄청난 타격을 받지 않을까 하는 우려도 제기되었다. 그러나 금연 실시 외 공기청정기의 보강, 환경개선, 서비스 개선, 여러 시설의 첨단화, 자동화 등으로 편리하고 실내환경이 크게 개선되면서 오히려 손님이 증가하는 등 결과는 호전되었다.

최근 PC 방은 좌석관리, 입·출금 관리가 자동화되었을 뿐 아니라, 음식, 음료 등 주문업무 절차도 자동화되었다. 뿐만 아니라 프린팅 업무도 흑백, 컬러로 저가에 편하게 유료 서비스되며, 인터넷에 접속하여 사무처리까지 가능하게 되어 호황을 누리고 있다. 하루 종일 PC 방 내에서 일해도 불편함이 없을 정도로 거의 모두 자체 해결이 가능할 정도이다. 이러한 호황은 디지털기술의 기반에 의한 4차 산업혁명의 진행에 힘입은 바 있다고 할 것이다.

제2절 평생직장의 시대에서 평생직업의 시대로

1980년 초만 해도 사회 각계의 근로자들 상당수는 직업을 천직으로 생각하였다. 직장 이동도 직종 간 이동이 아닌 직종 내 이동이 많았다. 금융권의 경우 시중은행은 퇴직 후 저축은행, 아니면 제2금융권으로, 보험회사 종사자는 퇴직 후 경력직으로 타 보험사로, 증권회사

종사자는 퇴직 후 타 증권회사의 경력직으로 재진입이 가능하였다. 호텔 종사자는 퇴직 후 다른 호텔에 경력직으로 전직하고, 이외에 건설회사, 백화점 종사자 등 여러 부문에서 전직이라고 해 봤자 동일 직종 내로 전직하게 되는 경우가 많았다. 물론 직급, 연봉 등에서 경력 인정을 받고자 하는 점도 있었겠지만, 기본적으로 당시는 직업을 일종의 천직(天職, vocation, call)으로 여기는 경향이 있었다.

오늘날은 이런 현상이 상당히 사라지고 있다. 즉 이종 직종 간의 전직도 활발해지고 있다. 예컨대 조선업 종사자가 구조조정의 여파로 건설업종 혹은 서비스업이나 농업으로 진출한다든가, 금융업 혹은 교육계 종사자가 퇴직 후 서비스업에 종사한다든가 하는 것이다. 이런 현상은 금융위기 후 구조조정의 탓도 있겠지만, 디지털 혁명과 뒤이은 4차 산업혁명의 진행으로 기술발전이 급속해진 점에도 큰 영향을 받고 있다. 근로자들의 상당수도 시대흐름을 인식하고 있고, 스스로 재무장의 길에 나서고 있다. 직장인들은 현대판 주경야독 즉 낮에는 근무하고 저녁에는 야간대학원에 진학하거나 혹은 학원에서 각종 자격증을 취득하며, 회사 합병이나 자체 구조조정 등 각종 여건 변화에 따른 퇴직 후의 직업에 대비하는 현상이 늘고 있다. 외국어학원, 각종 자격증 대비 기술전문 학원들이 야간에 취업준비생이나 실업자 이외에도, 적잖은 직장인들로 붐비고 있다.

1. 전공 중시에서 자격증 중시

취업난이 가중되면서 기업에서는 새로운 인재를 채용하여 교육훈련 시키기보다는 이미 준비된 인재를 선호하고 있다. 1980년대만 하더라도 신입직원을 채용하면 교육과 연수 등 훈련을 시킨 후 활용하였지만, 요즘에는 바로 현장에 투입 가능한 경력직을 선호한다든가, 아니면 이미 업무와 관련된 자격증을 갖춘 준비된 사람들을 뽑아 쓰는 현상이 많이 나타나고 있다. 기업의 편의주의 측면도 있지만, 과도한 취업난 속에 일자리에 비해 인재들이 넘치는 탓으로서 고용시장의 심한 수급 불균형이 가장 큰 원인이라 여겨진다.

2. 비정규직 파트타임과 프리랜서의 시대

유수의 대기업들 외에는 상당수의 기업들이 비정규직 근로자 혹은 파견근로자를 쓰거나 아니면 아웃소싱을 통한 위탁을 이용하는 방식을 채택하고 있다. 비정규직 근로자들은 부족한 소득을 벌충하기 위하여, 파트타임 잡을 하거나 투잡을 뛰는 경우도 있다. 아예 프리랜서로 일하는 사람들도 있으나, 이는 상당히 탁월한 능력이 뒷받침돼야 하고 그 분야도 주로 연예, 언론, 특정 특기나 특허를 가진 개인사업자 등에게 한정되어 있다. 4차 산업혁명이 가속화되면 비정규직, 파트타임, 프리랜서 등이 더욱 증가할 것으로 전망되고 있다.

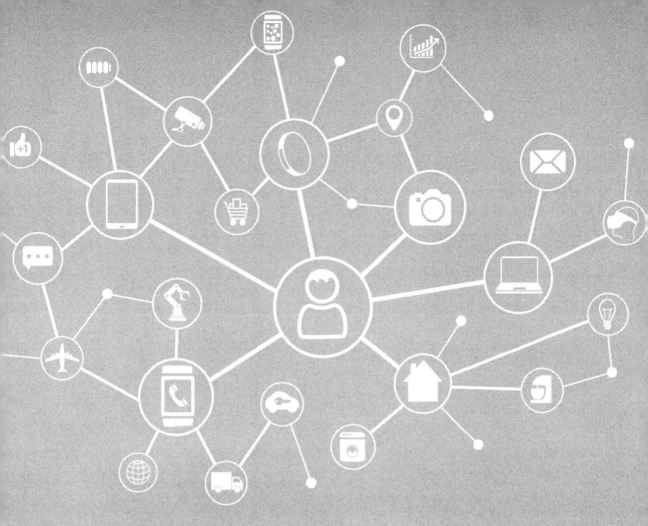

05
CHAPTER

4차 산업혁명과 주목 분야

INDUSTRIE
4.0

CHAPTER 05 4차 산업혁명과 주목 분야

1. 인공지능

인공지능(AI : Artificial Intelligence)은 인간의 지능의 상당 부분을 컴퓨터가 모방하여 할 수 있도록 하는 것이다. 인공지능 기술은 인간의 지각, 추론, 학습능력 등을 컴퓨터 기술을 통하여 문제를 해결하는 기술이다. 판단력에 있어 인간의 판단력을 상당 부분 대행함으로써 현행 근로자들을 대체할 수도 있다.

2. 인공지능 기술의 분류

과연 컴퓨터가 어느 정도까지 인간 수준의 판단력을 갖게 될 것인가는 의문이다. 예컨대 고양이라는 동물을 인식해 낼 때 여러 인식대상 중 컴퓨터가 고양이를 인식할 수 있지만, 그것이 길고양이인지 집고양인지 여부를 가리는 것까지는 좀 더 어려운 문제로서, 이는 인간이 컴퓨터에 비교우위를 가질 수 있는 부분이다. 감정과 분위기 파악은 컴퓨터가 인간을 따라오기 어렵기 때문이다.

기반기술	내 용
지각/인식	센서를 통해 들어온 정보에 기반하여 상태를 유추하는 기술
추론/계획	기존에 보유한 지식으로부터 새로운 지식을 유도하고(추론)
	목표 상태에 도달하기 위한 행위의 순서를 찾아내는 기술
학습/적용	추론과정에서 얻은 경험을 통해 다음에 더 효과적으로 문제를 해결할 수 있도록 시스템을 수정·보완하는 기술

컴퓨터의 알고리즘이 데이터로부터 학습하게 되면, 사전에 프로그래밍이 되지 않은 기능들도 수행 가능하게 된다.

3. 응용 분야

인공지능의 활용 분야는 점점 확대될 것으로 예상된다. 우선 당장 생각해 볼 수 있는 것이 지능형 청소기, 지능형 로봇, 지능형 비서, 지능형 의료서비스, 지능형 법률서비스 분야이다. 제조업 분야에서의 생산성 제고로 업무시간 단축도 예상된다. 고령화 사회로 인하여 일손 부족이 심각한 일본과 같은 경우에는 서비스 산업에서 활용 가능성이 대단히 높고, 전문가들도 일손 확대가 절실한 일본은 4차 산업혁명의 좋은 여건을 갖춘 것으로 평가되고 있다. 향후 우리나라도 고령화의 진행으로 생산가능 인구가 감소되면, 인공지능에 의한 지능형 로봇 등 자동화에 의지하는 단계로 진입할 가능성이 높을 것으로 예상된다.

4. 특이점

1) 특이점(기술적 특이점) : 싱귤래러티(singularity)

인공지능의 능력이 인간지능의 능력을 뛰어넘는 순간을 '특이점(singularity)'이라고 한다. 이는 알파고를 개발한 「구글」의 커즈와일(Raymond Kuzweil, 1965~)이 2005년 그의 저서 「특이점이 온다」(The singularity is near)에서 제시한 용어인데, 우리나라나 일본의 4차 산업

혁명 전문가들은 '기술적 특이점'이라고 표현하기도 한다.[28)]

그는 2020년 무렵이면 인공지능이 인간의 지능을 넘어서고, 2045년이 되면 전 인류의 지능을 합친 것보다 강력하게 될 것이라고 예측하였다.

2) 알파고 : 바둑게임에서는 이미 특이점이 도래하였다

2016년 알파고는 이세돌 9단과의 대국에서 종합전적 4 : 1로 승리하였다. 전문가들은 바둑게임에서는 알파고가 인간의 지능을 넘어섰고, 이미 특이점이 온 것으로 보고 있다.

3) 인공지능의 판단력이 어느 정도 수준인가에 따라 4차 산업혁명의 성패가 좌우되는가?

이미 언급한 일본의 4차 산업혁명 전문가인 「미츠하시」는 인공지능과 인간지능 간의 비교에서 '판단력'을 중요 잣대로 보고 있다. 지금 단계에서는 인공지능이 인간이 판단력을 부분적으로 상당 부분 대신할 수 있으나, 완전히 인간과 동일한 수준의 판단력 수준에는 이르지 못하고 있다. 앞서 '고양이인가 정도를 분별하는 능력'과 '집고양이인지 길고양이인지를 분별하는 능력'차에서 서술한 바 있다. "지금 단계에서는 인공지능이 인간 능력의 상당 부분을 시현해내는 능력이 있는데 이 단계는 4차 산업혁명의 과정으로 보고 있고, 인간과 똑같은 수준의 판단력을 갖는 마지막 단계가 되면 5차 산업혁명 단계일 것"이라고 화두를 제시하고 있다. 5차 산업혁명이 인간의 마지막 산업혁명이 아닐까? 하는 예상도 하고 있다.

4) 인공지능에 대한 우려감

미래에 대한 불안감도 존재한다. 현재 미래에 대한 불안감은 일반의 경우 주로 고용측면일 것이고, 기업에서는 혁신에 뒤쳐져 경쟁력 상실이 되지 않을까 하는 우려감, 정부에서는 국가경쟁력 하락에 대한 우려감일 것이다. 우리 기업들도 미래에 대비한 변신, 즉 4차 산업혁명에 대비하기 위한 혁신에 기업이 사활을 걸고 있고 모두 그 대책을 마련하고 있다. 일부 백화점에서는 인공지능로봇까지 등장하여 손님 안내 서비스에 나서고 있다.

인공지능의 자율성과 인간에 의한 통제권을 어떻게 조화시킬 것인가도 관심거리가 되고 있다. 예컨대 자율주행차의 사고로 인하여 피해가 발생하였을 때 탑승자와 제조사, 개발자

---

28) 미츠하시 타카아키(三橋貴明) 등

의 책임을 어떻게 분배할 것인지의 문제가 발생한다. 기술개발도 중요하지만 인공지능이 인류를 위해 쓰일 수 있도록, 규범체계를 마련하는 것도 반드시 병행하여야 한다는 주장도 제기된다.

5) 중요회의 시 의사결정에 도움 줄 듯

인공지능 소프트웨어는 최적의 의사결정을 할 수 있도록 도와 준다. 이사회, 기타 임원회의 시 중요한 의사결정에 인공지능 소프트웨어가 동원될 수 있다. 인공지능의 정확성은 이미 알파고에서 어느 정도 인정된 바 있다.

6) 증권거래 시점 포착과 인공지능의 활약 가능성

주식매매 시점을 포착하는 기술적 분석에 있어서는 이미 다양한 분석방법이 존재하는데, 인공지능이 좀 더 업그레이드되면 더욱 더 정교한 매매시점의 포착이 가능해져, 전문가 아닌 일반투자자들도 펀드매니저나 여타 증권분석사(securities analyst) 못지않은 역량을 갖추게 될 것으로 예측된다.

제2절 첨단로봇공학

1. 첨단로봇공학

로봇공학은 로봇과 관련된 공학이다. 첨단로봇공학은 자동화작업에 있어서 별 차이가 없더라도, 강력한 인공지능이 가미되어 있다는 점에서 구별된다.

2. 산업계에서 첨단로봇공학의 비중

4차 산업혁명의 중심이 인공지능인 것은 부인할 수 없으나, 실제 산업을 이끌어갈 높은 부가가치는 첨단로봇공학에 큰 영향을 줄 전망이다. 때문에 4차 산업혁명을 이끌 핵심 분야

중 특히 로봇 기술 및 산업은 향후 글로벌 생산성, 고용, 서비스업 등에 상당한 변화를 초래할 것으로 예상된다.

3. 로봇시장 동향

글로벌 로봇시장은 금융위기 이후 2010~2015년 중 연평균 18% 내외의 성장을 달성하였다.

① 산업용 로봇은 자동차산업 자동화를 주도하면서 연평균 20% 늘어났고, 서비스용 로봇도 가정 및 오락용을 중심으로 16% 증가하였다.

② 제조업 근로자 1만 명당 로봇수를 의미하는 로봇밀집도(산업용 로봇 기준)에서 한국(531), 싱가포르(398), 일본(305) 등이 세계 평균(69)을 크게 상회하고 있다. 특히 우리나라의 경우 로봇 밀집도가 2005년 171에서, 2015년 531로 3배 이상 증가하여, 2015년 현재 세계 1위를 기록하고 있다.

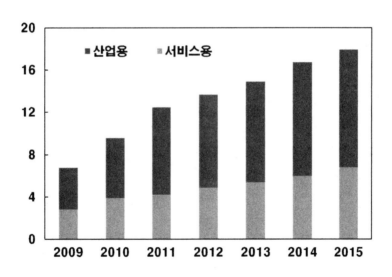

□ **글로벌 로봇시장의 규모** (단위 : 십억 달러)

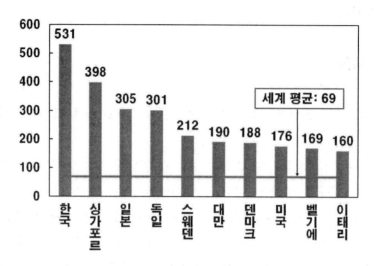

□ **로봇 밀집도**(제조업 근로자 1만 명당 대수)

세계 평균: 69

한국은행, IFR, 2015년 제조업의 산업용 로봇 기준

4. 로봇산업의 전망과 영향

1) 전망

글로벌 로봇 수요는 인공지능과 결합한 지능형 로봇에 대한 수요의 증가에 힘입어, 2019년까지 연평균 13%의 고성장을 지속할 것으로 전망된다. 특히 서비스용 로봇은 주요 선진국의 저출산·고령화 진전에 힘입어, 의료 및 가정용을 중심으로 수요가 급증하는 추세이다.

2) 로봇활용 증대의 영향

그간의 실증연구에 의하면 로봇 사용 등 자동화가 단위생산당 노동투입시간의 절감을 통하여 생산성 증대에 크게 기여한 것으로 평가된다. 맥킨지(McKinsey, 2017) 보고서에 의하면 향후 50년간 주요 20개국의 연간 GDP 성장률 2.9% 중 자동화에 따른 생산성 증가의 기여분이 0.8~1.4%p 에 이를 것으로 예상하고 있다. 다만, 산업현장에서 로봇 활용의 증대가 생산성 향상에 기여하겠지만 일자리 축소 및 소득불균형을 초래할 우려도 있는 것으로 지적되고 있다.

2016년 세계경제포럼은 2015~20년 중 716만 개의 일자리가 감소하는 반면 창출되는

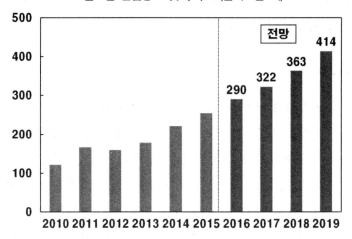

□ **글로벌 산업용 로봇의 수요**(단위 : 천 대)

한국은행, IFR(2016)

일자리는 202만 개에 지나지 않을 것으로 예상하고 있다. 또한 로봇 활용에 의한 자동화가 근로자가 보유한 기술수준에 따른 임금격차를 확대시키면서 계층 간 소득불균형을 심화시킬 소지가 있는 것으로 평가되고 있다.[29]

5. 국내 유통업계의 로봇 활용 사례

유통업계가 어린이들을 대상으로 악기 연주·동물 흉내를 구사하는 인공지능 로봇을 매장 쇼핑 도우미로 선보이고 있다. 로봇들은 단순한 매장 안내 기능을 넘어 고객에게 적합한 상품을 추천해 주고, 아이들에게 연주와 놀이 등 엔터테인먼트 서비스를 제공한다. 한국어, 영어, 중국어, 일본어로 대화와 소통이 가능하다. 향후 새로운 재미를 더해 주기 위해 인공지능(AI)과 정보통신기술(ICT)을 활용한 다양한 로봇 서비스가 증가할 것으로 예상된다.

1) 현대백화점의 쇼핑봇

현대백화점은 2017년 8월 백화점업계 최초로 '쇼핑봇'을 선보였는데, 쇼핑봇은 전면에 큰 화면의 태블릿을 장착하였다. 「한글과컴퓨터」의 한국어 기반 음성 인식 통역 소프트웨어인 '말랑말랑 지니톡'이 탑재되어, 외국인 쇼핑객에게 통역 서비스를 제공한다. 쇼핑봇이 지원

---

29) 한국은행, "글로벌 로봇산업의 현황과 과제," 2017.8.20.

하는 언어는 한국어, 영어, 중국어, 일본어이며, 앞으로 프랑스어, 독일어, 러시아어, 아랍어 등으로도 서비스를 확대할 예정이다.

2) 이마트의 띵구

이마트는 2017년 9월 고양시의 스타필드 이마트 아동완구 토이킹덤 점에서는 인공지능(AI)을 탑재한 휴머노이드 로봇 '띵구'를 선보였다. 사람과 자연스럽게 대화하고 상품을 추천해주는 쇼핑 도우미 로봇이 국내 쇼핑매장에 처음 등장한 것이다. 띵구는 일본 소프트뱅크로보틱스 사가 개발한 키 58cm인 휴머노이드 로봇 기종 '나오'에 미국 IBM이 개발한 인공지능 플랫폼인 '왓슨'을 탑재하였다. 어린이 고객의 얼굴을 보고 나이 · 성별 등을 판단해 적합한 행사상품 완구를 추천해 주거나, 길을 묻는 어린이에게 매장 안내를 해준다. 음성으로 아이들에게 단답형 퀴즈를 내고 아이들이 맞추는 '음성 퀴즈' 서비스를 제공하고, 음악에 맞춰 춤을 추고 악기 연주나 원숭이 등의 동물을 흉내내 어린이 고객들에게 즐거움을 주기도 한다.

3) 롯데백화점의 페퍼

롯데백화점은 로보틱스 사가 개발한 휴머노이드 로봇 '페퍼'를 선보였다. 키 1.2m, 무게 28kg인 페퍼는 현존하는 로봇 중 움직임과 감각이 사람과 가장 비슷하다는 평가를 받는다. 사람의 얼굴을 인식하고 사람의 눈을 보면서 말할 수 있으며, 한국어, 영어, 일본어, 중국어 등 4개 국어로 고객과 소통이 가능하다.[30]

제3절 사물인터넷

1. 사물인터넷

사물인터넷(Internet of Things, 약칭 IoT)은 각종 사물에 센서와 통신기능을 내장하여 인

---

30) 경제신문 뉴스웨이 2017.10.6.

터넷에 연결하는 것들을 말한다.

2. 사물인터넷과 칩

사물인터넷(IoT)은 인터넷에 연결된 사물들이 데이터를 주고받아 스스로 분석하고 학습한 정보를 사용자에게 제공하거나, 사용자가 이를 원격 조정할 수 있는 인공지능 기술이다. 여기에서 사물은 가전, 컴퓨터, 모바일 장비 등 다양한 '임베디드 시스템'(embedded system)이 된다. '임베디드'(embedded)는 PC 이외의 장비에 사용되는 칩을 말한다. 임베디드 시장은 자동차, TV 셋톱박스, 휴대폰, 공장의 자동화장비 등 다양하며, 매우 큰 시장을 형성하고 있다. 예컨대 자동차 도난방지 키의 경우, 관련 허가업체가 아닌 일반 열쇠점에서는 열쇠 복제가 불가능한데, 이는 열쇠 속에 조그마한 칩이 내장되어 있기 때문이다. 일반열쇠점에서 복제하면 칩 내장이 불가하여 복제키로 시동을 걸어도 부르릉 소리만 나고 시동이 멈춰버린다. 도난방지용으로 열쇠 속에 칩이 내장되어 있고, 그러한 내장 칩이 존재하여야 자동차와 데이터정보를 상호교환할 수 있다.

정보기술 관련회사인 「가트너」(Gartner, Inc.)에 따르면 2009년까지 사물인터넷 기술을 사용하는 사물의 개수는 9억 개였으나, 2020년까지 이 수가 260억 개에 이를 것으로 예상하고 있다. 한편 「시스코 시스템즈」(Cisco Systems, Inc.)의 조사에 따르면 2013년부터 2022년까지 10년간 사물인터넷 분야에 14조 4천 억 달러의 경제적 가치가 있을 것이라고 추정되고 있다.

3. 사물인터넷의 구동 과정

일반적으로 사물인터넷의 구동 과정은 3단계로 나뉜다. ① 먼저 정보를 수집하고, ② 수집된 정보를 빠르게 전송하며, ③ 이를 가공해 사용자에게 제공하는 것이다. 여기에 사물인터넷을 위한 핵심기술로서는, 정보를 수집하는 센서, 전송하는 네트워크, 이를 분석하는 빅데이터 기술이 거론된다. 우리나라는 와이파이(무선랜), LTE(4세대 이동통신) 등 네트워크 기술은 상위권이지만, 그 전·후 단계인 센서나 빅데이터 분석 기술은 아직 세계 수준과 비교했을 때 뒤떨어지는 것으로 판단되고 있다.

4. 중소가전의 사물인터넷

사물인터넷(IoT)을 적용한 똑똑한 중소기업 가전제품의 출시도 잇따르고 있다. 기업은 빅데이터를 축적하여 소비자의 요구를 파악하는 데 유용하고, 소비자는 더 개별적이고 체계적인 서비스를 제공받을 수 있어서 상호 유익(win-win)하다.

중소기업 가전업계에 따르면 「코웨이」가 최근 출시한 '로봇공기청정기'는 오염된 공간으로 스스로 이동해 공기를 깨끗하게 한다. 애플리케이션(앱)으로 제공되는 실내·외 실시간의 공기질 정보, 일·주·월 단위로 누적 공기질 정보를 확인할 수 있다. 실내 공기보다 바깥공기가 더 좋을 때에는 환기가 될 수 있도록 원격 조정할 수 있고, 누적된 집안 공기 데이터로 맞춤형 필터를 적용할 수 있다.

교원웰스 '웰스 tt 헬스'정수기는 체성분 측정기 헬스 키트와 결합되어, 자신의 체성분을 분석한 결과에 따라 하루 필요 물 섭취량을 알려준다. 그리하여 스마트폰 앱으로 자신의 몸 상태에 따른 물 마시기를 할 수 있게 하였다. SK매직에 따르면 SK매직 정수기는 필터 사용량이 적으면 렌탈료를 면제받을 수 있다. 필터 수명은 대부분 비슷한데, 1·2·4인 가족 등 가족구성원의 규모에 따라, 사용량이 다른 점에 착안하였다. SK매직에서는 사물인터넷으로 이러한 필터 사용량 데이터를 확보해 필터를 적게 사용한 소비자가 필터 교환 등 서비스를 받지 아니하면 렌탈료를 면제해 주는 모델도 출시되었다. 동부대우전자는 벽걸이 드럼세탁기 '미니'에 사물인터넷을 적용하였다. 외부에서도 세탁·탈수 등 조작이 가능하다. 중국에서는 알리바바 플랫폼을 활용 중이다.

가전업계들은 SKT·LG 유플러스 등 통신사와 홈 IoT 구축을 위해 노력 중이다. 통신사와 협력하여 집에 있는 생활가전들을 하나의 플랫폼에서 쉽게 컨트롤 할 수 있도록 하는 것이다. 플랫폼을 보유한 통신사와 콘텐츠가 있는 가전업체에 상호 도움(win-win)이 되는 사업 모델인 것이다. 중소기업 가전업계 업체들은 사물인터넷 기술을 이용하여 데이터를 축적하고, 소비자의 패턴을 분석할 수 있다. 향후 제품을 출시할 때, 축적한 데이터로 소비자 수요를 반영한 제품을 출시할 수 있게 된다.

반면에 사물인터넷 활용 트렌드가 아직은 '빛 좋은 개살구'라는 비판의 목소리도 있다. 대부분 가전제품들이 밖에서 컨트롤 할 수 있는 사물인터넷 기술 수준으로, 50~60대 중장년층에는 쓸모가 적다는 지적이다. 가전업계에서는 현재까지는 "동일제품 모델에서 사물인터넷 기술이 적용되지 않은 제품의 판매가 더 잘 된다"며 "사물인터넷 적용제품이 트렌드가

되고 있는 건 맞지만, 현재 시장에서 수요로 눈에 띄게 연결되는 것은 아니다"라는 지적도 있다.[31]

5. 스마트홈

최근 주목받는 것은 스마트홈이다. 스마트홈은 집안의 모든 가전제품을 하나의 통신망으로 연결해 관리하는 시스템이다. 무인자동차도 사물인터넷의 하나이다. 구글사의 무인자동차는 샌프란시스코에서 라스베이거스까지 885km를 달린 바 있다.

6. 사물인터넷을 이용한 공기청정 로봇

김포공항에서는 사물인터넷(IoT) 센서를 이용하여 공기질을 측정하고, 오염된 공간을 스스로 찾아다니는 공기청정 로봇이 시범서비스를 시작하였다. 이도 사물인터넷의 한 종류이다.

7. 부산항의 사물인터넷 플랫폼 구축

부산항은 사물인터넷(IoT)을 이용하여, 화물의 위치와 도착 예정시간 등을 실시간으로 파악하고, 예측하는 등 물류를 한층 효율적으로 관리하는 시대를 열었다. 부산항만공사는 부산창조경제센터, 롯데정보통신과 함께 부산항 물류관리를 위한 사물인터넷 플랫폼을 구축하였는데, 이 플랫폼은 무선통신망으로 트레일러에 장착된 위치표시장치(GPS)와 센서를 통해 트레일러의 이동 방향과 현재 위치, 화물을 담은 냉동 컨테이너 내부의 온·습도 등을 실시간으로 파악할 수 있다.

그동안 일부 트레일러와 냉동 컨테이너를 대상으로 시험 운영해 성공적으로 데이터를 송 수신하였다. 이제 구축된 플랫폼에 어떤 콘텐츠를 담아 활용하느냐가 과제인데, 항만공사는 우선 환적화물의 운송효율을 높이는 데 적용할 계획이다. 이후 수출입화물 등으로 적용대상을 확대하여 부산항을 이용하는 모든 화물의 위치 등에 관한 정보를 화주, 운송대행업체, 터미널 운영사, 선사, 운송사, 트레일러 기사 등이 공유할 수 있게 할 방침이다.

---

31) 뉴스 토마토 2017.9.28.

그리하여 화주나 운송대행업체는 언제든지 실시간으로 화물 위치와 컨테이너의 내부상태를 파악할 수 있게 된다.

터미널 운영사는 선박에 실을 화물이 언제 터미널에 도착할지 예상할 수 있어서 하역의 효율성을 높일 수 있고, 운송사와 트레일러 기사들은 터미널의 혼잡 정도를 미리 파악하여 덜 붐비는 시간에 수송함으로써 도로나 터미널 안에서 허비하는 시간을 줄이게 된다. 이를 위해서는 화물과 차량의 위치를 알려주는 단말장치의 보급이 관건이다. 부산항에 드나드는 모든 트레일러에 단말장치를 설치하려면 막대한 비용이 드는 만큼, 초기에는 트레일러 기사들의 휴대전화를 위치 파악에 활용할 방침이다. 이동통신사의 기지국을 통해 위치정보를 송·수신하므로, 기사들이 소지한 휴대전화의 위치표시 기능을 이용하면 가능하다.

이 플랫폼은 화물과 차량 외에 선박 등에도 적용할 수 있어서, 장기적으로는 예·부선과 급유선 등 소형선박의 입출항 및 계류 관리에도 활용할 방침이고, 모든 부산항 이용자들이 사물인터넷으로 연결되어 서로 정보를 교환·공유함으로써 물류의 효율성을 높이고 새로운 일자리를 창출하는 기회를 제공할 것으로 기대된다.[32]

제4절 자율주행자동차

1. 자율주행자동차

자율주행자동차는 운전자가 차량을 운전하지 않아도 스스로 움직이는 자동차를 말한다. 첨단 자동차 기술이 발전하면서 이제 자율주행자동차를 향한 꿈은 현실이 되어가고 있다.

2. 주요기술

1) 첨단센서

첨단센서는 사물과 사물의 거리를 측정하고 위험을 감지하여 사각지대 없이 모든 지역을

---

32) 연합뉴스 2017.10.9.

볼 수 있도록 도와준다.

2) 그래픽 처리 장치

여러 대의 카메라를 통해 자동차의 주변 환경을 파악하고, 그 이미지를 분석해서 자동차가 안전하게 갈 수 있도록 도와준다.

3. 현 황

자율주행자동차는 최근 자동차 시장의 큰 화두이다. 자동차기업은 물론, IT 기업, 운송기업, 컴퓨터 관련기업들도 기술개발에 뛰어들고 있다. 자율주행자동차 기술경쟁에서 가장 앞선 업체는 「구글」이다. 구글은 지난 2010년 자율주행자동차 개발계획을 공식 발표하였고, Waymo 라는 무인자동차 사업부를 설치하고, 2014년 12월 자율주행자동차의 시제품을 공개하였다. LA 에서 라스베이거스까지 865km 를 무인으로 운행하였다. 「구글」의 자율주행자동차 지붕에 탑재된 센서장비는 '라이더(LiDAR)'라고 부른다. 원격 레이저 시스템이 들어가있는 「구글」의 핵심기술이다. 음파장비, 3D 카메라, 레이더장비도 포함되어 있다.

라이더는 사물과 사물의 거리를 측정하고, 위험을 감지할 수 있도록 돕는다. 이 밖에 GPS와 구글지도 등 다양한 장비와 기술이 탑재되어 있다. 각종 첨단 센서 장비를 목적과 기능에 맞게 활용해 자동차가 감지할 수 없는 사각을 줄이고 있다.

그래픽 처리장치(GPU) 기술 전문업체인 미국 「엔비디아」, 그리고 「애플」사도 자율주행자동차 기술 연구에 나서고 있다.

BMW 는 전기차 'i3'에 자동주차 기술을 탑재하였다. BMW 의 자동주차 기술에는 충돌회피 기술이 적용되었는데, 차량에 장착된 4개의 레이저 스캐너가 주변 환경을 탐지하고 자동차가 장애물과 충돌하지 않도록 하는 기술이다.

제5절 드론

1. 드론

드론(drone)은 조종사가 타지 않고, 드론 조종자의 무선전파 유도에 의하여 비행되는 무인기를 말한다.

2. 용도

초기에는 군사적 목적으로 개발된 것으로 알려지고 있다. 하지만 오늘날 농약살포, 접근성이 어려운 대상물의 사진 촬영, 실종자 혹은 범죄자 수색, 그리고 배달 활동 등에 폭넓게 활용되고 있다.

1) 접근성이 곤란한 대상의 촬영

방송, 영화 부문에서는 과거에 접근성이 어려워 촬영이 어려웠던 사각지대의 촬영이 가능해졌다. 예컨대 드론에 의해 상하, 좌우, 전후 접근이 용이하게 되어 거대한 폭포수에 대한 입체촬영도 가능해졌다.

행정 분야에서는 건축물 점검에서 뛰어난 활약을 하고 있다. 서울특별시에서 전문기사들의 접근에 많은 시간과 어려움이 있었던 교량의 점검 활동에 드론을 활용하고 있는데, 교량의 측면을 날아다니며 정밀 촬영을 하면서, 부식된 곳 그리고 문제 있는 부분을 적출해 내는데 매우 큰 성과를 올리고 있다.

군사 목적에서는 정찰활동은 물론, 적군의 이동 경로나 동태 감시에 활용되고 있다. 예컨대 아프가니스탄 전투 현장에서 미군은 드론을 통한 정보수집으로 상당한 성과를 낸 것으로 알려지고 있다.

2) 농업 분야

농약 살포는 물론, 농작물을 해치는 조류 등의 퇴치, 기타 영역 감시활동 등 그 용도가 매우 다양하다.

3. 드론의 구성

드론은 하드웨어와 소프트웨어로 구성된다. 하드웨어는 비행체, 컴퓨터, 항법장비, 송수신기, 가시광선, 적외선센서 등의 장비이다. 소프트웨어는 지상통제 장치, 탑재장치(카메라, 레이더, 통신중계기 등의 장비), 데이터링크(비행체와 지상 간의 무선통신장비), 이착륙장치, 지상지원설비 등이다.

4. 드론의 시장규모

드론은 미래가 기대되는 분야이기는 하지만, 아직 시장규모는 여타 4차 산업관련 분야에 비하여 상대적으로 규모가 작은 편이다. 2016년 말 현재 우리나라 드론시장의 규모는 332억 원 정도인데, 그중 민간수요가 278억 원, 공공기관의 수요가 54억 원 정도이다.

5. 드론 산업 : 정부, 중소기업자 간 경쟁 제품으로 지정

중소벤처기업부는 중소기업의 판로 지원과 신성장산업의 육성을 위하여 드론을 중소기업자 간 경쟁 제품으로 지정하였다. 드론은 항법 및 시뮬레이션 기술 등과의 융합을 통해 다양한 신규시장 창출이 가능하여 향후 매우 큰 발전 가능성을 보유하고 있음에도, 다국적 기업들의 시장 선점으로 인해 국내 중소기업들이 판로 개척에 어려움을 겪고 있는 점을 감안한 것이다.

6. 드론 시장의 전망

드론 시장은 신성장산업에 해당되기는 하지만, 아직은 시장규모 자체가 그다지 크다고 할 수는 없는 상황이다. 하지만 향후 수요증가가 예상되므로, 꾸준한 개발과 투자가 뒷받침될 필요가 있다.

1. 빅데이터

빅데이터는 기존 데이터베이스로 해결할 수 없는 데이터 관리 문제를 해결하기 위한 기술이다. 카카오톡, 페이스북, 트위터 등의 모바일 인터넷 시대에서 생성되고, 교환되는 메시지, 이미지, 영상데이터 등이 폭발적으로 증가하면서 이 세상에 존재하는 모든 모바일 정보가 의미 있다고 판단되기 시작하면서 기존에는 그냥 지나쳤던 정보들을 "중요한 데이터"라고 인식하기 시작했다. 빅데이터는 지금까지 없었던 정보가 아니라 미처 인지하지 못했던 또는 인지할 필요가 없었던 정보의 필요성 또는 중요성을 재인식한 것이다.

2. 중요성

빅데이터는 정치, 사회, 경제, 문화, 과학 기술 등 전 영역에 걸쳐서 가치 있는 정보를 제공할 수 있는 장점에서 그 중요성이 부각되고 있다. 세계경제포럼과 우리 과학기술정보통신부는, 빅데이터 기술을 4차 산업혁명의 10대 주요기술의 하나로 제시하고 있다. 하지만 과학기술정보통신부의 자료를 분석해 보면, 현재 국내여건은 4차 산업혁명의 파고 속에서도 아직은 상대적으로 덜 활성화된 것으로 판단된다.

금융, 공공부문 수요환경이 좋은 부문을 제외하고는, 기업들의 필요성 체감 부족, 자료보안의 문제와 개인정보 보호 문제, 실제 기업이 필요로 하는 빅데이터 인력과 빅데이터 공급 인력의 격차 등 여러 문제가 존재한다. 현황 조사에 의하면, 수년 후에는 빅데이터 인력 수요가 크게 늘 것으로 전망되고 있다.

3. 3V와 4V

IT 산업 리서치 업체 「가트너」(Gartner, Inc.)의 애널리스트인 더그 레이니(Doug Laney)는 데이터의 급성장에 따른 이슈와 기회를 데이터의 양(volume), 입출력 속도(velocity), 종류의 다양성(variety)이라는 세 차원으로 정의하였다. 현재는 이 '3V' 모델이 가장 널리 사용되는 빅데이터의 정의라고 전해진다. 한편 IBM은 3V에 '정확성'(veracity) 항목을 추가하여 '4V'를 정의하였고, 브라이언 홉킨스(Brian Hompkins) 등은 '가변성'(variability)을 추가하여 4V를 정의하였다.

「가트너」의 3V 정의가 여전히 널리 사용되고 있는 중에, 데이터와 그것의 사용 방법에서 빅데이터와 경영정보학의 구별이 점차 더 뚜렷해지고 있다.

4. 빅데이터 기술

빅데이터는 큰 데이터의 집합으로부터 일정한 법칙을 추론하여 결과 및 행동을 예측하기 위하여, 통계적 추론과 비선형 시스템 식별(nonlinear system identification)의 개념을 활용한다. 빅데이터 처리기법은 크게 분석 기술과 표현 기술로 나뉜다. 분석 기술은 통계학과 전산학에서 사용되던 데이터 마이닝, 기계 학습, 자연언어 처리, 패턴인식 등이 해당된다. 표현 기술은 분석 기술을 통하여 분석된 데이터의 의미와 가치를 시각적으로 표현하기 위한 기술이다.

빅데이터 기술은 선거에서의 여론조사, 야구경기에서의 팀별, 선수별 통계 분석 등에 활용되고 있고, 금융·경제 분야에서의 물가동향, 시세전망 등의 예측에서도 활용되고 있다. 데이터 마이닝이라 함은 데이터의 수집, 저장, 관리, 분석의 역량을 넘어서는 대량의 정형 또는 비정형 데이터의 집합 및 이러한 데이터로 부터 가치를 추출하고, 결과를 분석하는 기술로서 빅데이터를 보완하는 기술이다. 마케팅, 시청률 조사, 경영 등으로부터 체계화되어, 분류, 예측, 연관분석 등의 데이터 마이닝을 거쳐 통계학적으로 결과를 도출해 내고 있다.

국내 공공부문의 빅데이터 운용은 국민건강보험공단이 가입자의 자격, 보험료, 진료내용 등 2조 1천억 건에, 92테라바이트 정도의 빅데이터를 보유하고 있고, 건강보험심사평가원은 진료내역, 투약내용, 의약품 유통 등의 2조 2천억 건, 89테라바이트의 빅데이터를 보유하고 있다고 한다. OECD는 한국의 건강보험 빅데이터의 순위를 세계 2위로 발표하였다.[33]

---

33) 메디게이트뉴스 2017.11.1.

5. 빅데이터 기술의 활용 효과

빅데이터 기술을 활용하면 활용 정도 여하에 따라 상당한 비용 절감, 그리고 효과적인 의사결정이 가능해진다. 복잡하고 예측이 어려운 물가동향의 조사, 마케팅 활동, 의료부문의 자료 보관 및 조사에 효과가 클 것으로 기대된다. 금융권과 일부 대기업들도 데이터 통합(data integration)을 통한 정확한 의사결정을 위해 빅데이터 경영에 주목하고 있다.

1) 기상청의 빅데이터

기상청은 한국 IBM 의 고성능 대용량파일 공유시스템(General Parallel File System, 이하 GPFS)을 적용한 스토리지 시스템을 채택하였는데, 이는 IBM 시스템 스토리지 제품군, 시스템 x 서버 제품군, 그리고 고속 네트워킹 랙스위치(Rack Switch) 등이 통합되어 있는 시스템이다.

2) 구글의 빅데이터

구글은 자동번역시스템에 빅데이터를 활용하고 있다.

6. 빅데이터 시장 규모

4차 산업혁명의 10대 핵심기술로 고려됨에도 불구하고, 시장규모, 발전속도, 기업들의 이해 등의 측면에서 10대 핵심기술 중 다른 부문에 비해 그 발전이 다소 더딘 편이다.

1) 국내 빅데이터 시장

국내 빅데이터 시장의 규모는 2015년 기준 2,623억 원 규모였다. 이는 직전년 대비 30% 이상의 성장세를 보인 것으로서, 도입 초기 수준인 국내 상황을 고려할 때 의미있는 성장세였다.

국내의 빅데이터 시장은 여전히 도입기 수준으로서, 민간 수요의 규모 확대보다는 정부의 빅데이터 관련 꾸준한 투자가 시장 성장의 동력이었다. 빅데이터 플랫폼 및 시스템 구축을 필요로 하는 민간투자 영역의 경우 2015년 1,791억 원의 규모를 나타내고 있다. 정부가 투자하는 규모는 698억 원으로 집계되고 있어서, 전체 빅데이터 시장에서 공공투자의 비중이 28% 이상을 점하고 있다. 빅데이터 관련 정부투자는 2013년 230억 원, 2014년 490억 원에서, 2015년 698억 원으로 확대되었으며, 정부 영역의 2014~2015년 성장세는 42.4% 성장, 민간투자는 26.4%의 성장세를 보였다.

민간기업의 빅데이터 투자는 여전히 신중한 모습을 보이고 있지만, 향후 그 증가세는 눈에 보일 것이라는 것이 업계 전문가들의 견해이다. 2018년까지 빅데이터 수요 기업들의 파일럿 테스트(예비 차원의 소규모 테스트)를 포함한 빅데이터 활용이 지속될 것으로 예상되고 있으며, 빅데이터 시스템 구축을 통한 활용사례, 실패사례, 성공사례 등 다양한 적용사례가 산업별로 나타나면서 빅데이터 도입이 활발하게 이루어질 것으로 전망된다. 또한 IoT, 클라우드와의 빅데이터의 연계가 이루어지면서 빅데이터 산업의 활성화에 기여할 것으로 분석되고 있다. 민간기업들의 경우 당장의 시장 확대가 두드러지진 않고 대규모 투자에는 여전히 소극적인 모습을 보이고 있지만, 그 활용 건수가 이전 대비 긍정적으로 확대되고 있다. 긍정적인 수요 신호라고 보는 이유는 첫째, 기업의 빅데이터 활용도와 유용성 인식이 확대되고 있으며, 둘째, 파일럿 프로젝트가 소규모로 다양한 업무에서 진행되고 있고 셋째, DW(Data Warehouse, 데이터베이스에 축적된 데이터 관리)/BI(Business Intelligence, 기업 비즈니스용 소프트웨어) 업무의 고도화 넷째, 유사한 산업 및 업무 사례에 대한 내부 스터디 등의 활발한 진행 등이 이루어지고 있기 때문이다. 2015년까지 빅데이터를 활용한 파일럿 프로젝트가 마무리 되고, 2016년부터는 본격적으로 분석시스템의 구축이 확대될 뿐만 아니라, IoT 및 빅데이터를 활용한 성공사례가 나타나 관련 투자가 활기를 띨 것으로 전망되며, 기존 플랫폼과 시스템 구축이 완료된 기업의 경우 데이터 분석서비스의 활성화가 이루어지면서, 그 성장세가 확대될 것으로 전망된다.

7. 빅데이터 시장의 전망

빅데이터 공급기업의 관계자 80% 이상이 미래 시장은 매우 긍정적이라고 평가하고 있다. 향후 1~2년 내 단기간의 폭발적 성장세에 대해서는 다소 부정적으로 보고 있으나, 대체로 20% 내외의 성장세는 유지할 것으로 전망하고 있으며 2017년 이후에는 성장세가 눈에 띌 것으로 보고 있다. 특히 IoT 와 새로운 기술을 통한 풍부한 데이터의 생성, 그리고 관련 분석이 빈번하게 나타날 것으로 전망하고 있다.

1) 국내시장

빅데이터 투자에 대한 시장에서의 효과가 더디게 나타나고 있어서, 기업들의 빅데이터 관련 투자는 실제적인 효과가 입증되기 전까지 다소 관망하는 모습을 보이고 있다. 국내 빅데이터 시장은 storage 시장이 가장 높은 비중인 전체 시장의 26.9%를 점하고 있으며, 금액으로는 약 706억 원의 시장을 형성하고 있다. 그 다음으로 software 시장이 약 603억 원, server 시장이 약 580억 원으로 시장비중을 점하고 있는 등 아직 초기시장의 모습을 보이고 있다. 국내 빅데이터 시장은 하드웨어(서버, 스토리지, 네트워크 장비) 분야에 대한 투자가 50% 이상으로 나타나고 있다. 반면 software, 그리고 services는 각각 23.0%, 19.5%로서 상대적으로 투자 수준이 낮은 편이다.

2) 글로벌 시장

K 글로벌 시장의 경우 빅데이터 시장을 구성하고 있는 5가지 요소 중 서버, 스토리지, 소프트웨어 등 하드웨어 인프라 투자 비중이 고르게 나타나고 있으며, 특히 서비스에 대한 투자 비중이 높게 나타나고 있다. 미국을 중심으로 하고 있는 빅데이터 선진국에서는 대량의 데이터 분석을 통한 분석서비스 시장의 발전이 앞으로도 확대될 것으로 예상되고 있어서, 그 비중은 앞으로도 꾸준할 것으로 예상된다. 서비스 부문의 확대는 빅데이터 전문분석가의 확대를 의미하는데, 이는 국내 빅데이터 시장 인력과도 깊은 연관성을 가지므로 국내 빅데이터 전문가의 양성이 필요해 보인다.

8. 기타 사항

1) 국내기업들의 빅데이터 시스템 도입률

2015년 하반기를 기준으로 국내 기업들의 빅데이터 시스템 도입률은 약 4.3%로 집계되었다. 이는 2014년 3.9%에서 0.4%p 소폭 상승한 수치이다. 기업의 규모를 고려하지 않은 산업 전체의 기준에서는 기대보다 다소 낮은 수치로 판단할 수 있으나, 빅데이터를 도입할 가능성이 많은 매출액 1천억 원 이상의 기업에서는 약 9.6%의 도입률을 보여, 이전 연도와 비교할 때 소폭 상승하였다.

2) 기업의 입장

국내 기업의 상당수는 당장 빅데이터 시스템을 도입하기보다는 주변 상황을 주시하고 있는 국면이다.

국내 기업 환경에서 빅데이터 관련 업무는 주로 IT 및 전산 부서가 담당하는 경우가 대부분이며, 논의를 주도하는 부서 또한 전산 분야였다. 빅데이터의 경우 일반적인 IT 시스템과는 달리 마케팅 등 현업 부서에서의 관심이 높을 것이라는 가능성이 제기되기도 하였으나, 마케팅 조직에서 논의가 주도되는 기업은 80개 사로서 전체의 9.2% 수준에 불과했으며, IT 부서에서 주도되는 기업은 161개 사인 18.6% 수준이었다.

빅데이터의 도입 계획이 없음을 밝힌 대부분의 기업들은 자사 업무가 특성상 빅데이터와 무관하다고 판단하고 있는 경향이며, 특히 제조기업들은 도입 효과에 대하여 불신이 큰 것으로 나타났다. 빅데이터가 데이터 양에 의존한 분석이 아닌, 분석 결과에서 인사이트(통찰력)를 찾아가는 형태로 변모하고 있는 만큼 실제 레퍼런스를 중심으로 다양한 빅데이터 효과를 소개하는 정책개발이 필요하다.

규모별로 살펴볼 경우 기업의 규모가 작을수록 자사가 보유한 데이터 양의 문제를 이유로 빅데이터 도입을 꺼리는 기업이 많았으며, 전문인력 부족의 문제는 물론 CEO/CIO의 무관심이 큰 것으로 나타났다. 빅데이터 시스템을 도입한 국내기업들은 기업 규모별로 빅데이터에 집행한 예산이 연간 1억~40억 원까지로서 각기 차이가 있었으나, 2015년 기준 연간 평균 1.3억 원의 예산을 투입한 것으로 나타났다. 이는 2014년 1.2억 원에서 소폭 증가하는데 불과하였으며, 매출 1천억 원 이상 기업의 경우 2014년 5.1억 원에서 2015년 5.8억 원으로 집계되었다. 2015년 빅데이터 시스템의 도입을 추진하지 않은 기업 중에서 향후 도입을 고려하겠다는 의사를 보인 기업은 30.2%로서, 2014년 26% 대비 소폭 증가하였다. 향후 도입을 고려하는 기업들의 도입 예정 시기를 살펴보면 2016년 도입을 고려하겠다는 기업은 15개 사로서 본격적인 증가세로 보기에는 다소 미미한 실정이었으며, 2017년부터 도입 의지가 증가하였다. 국내기업들은 주변상황과 무관하게 빅데이터를 도입하기보다는 동종업계의 상황을 주시하고, 보다 효과가 검증된 이후에 도입을 하겠다는 경향이 뚜렷하다. 특히, 빅데이터는 업종별 성공사례가 중요하다는 것이 업계의 의견이다.

3) 빅데이터 공급인력 등

최근 빅데이터 공급기업의 인력 현황을 살펴보면, 총 2,662명 중 DB 관련 인력은 1,744명으로서 전체의 65.5%였으며, 빅데이터 관련 인력은 918명으로서 34.5%의 비중을 보였다. DB 관련 인력에서는 DB 개발자의 비중이 24.9%, 664명으로서 가장 비중이 높은 인력군으로 나타났다.

빅데이터 직무 분야에서는 빅데이터 분석가 8.7%, 하둡(Hadoop : 데이터 분산저장 분산처리 프레임워크)/노에스큐엘(NoSQL : 빅데이터 처리를 위한 비관계형 데이터베이스 관리 시스템)/MapReduce(대용량 데이터를 위한 목적으로 개발된 프로그래밍) 엔지니어는 8.5%, 빅데이터 기술 영업 및 마케터는 7.9%로 나타났다. 그러나 일반 DB 인력에 비해 빅데이터 인력의 비중은 34.5% 정도여서, 그 비중으로는 여전히 DB 관련 인력이 더 많다. 908개 기업이 응답했던 빅데이터 수요 기업에서도 DB 개발자의 비중이 전체 인력의 39.1%로 높게 나타나고 있으며, 그 뒤를 DBA(Data Base Administrator), 데이터 입력자, DW(Data Warehouse) 설계 및 개발자 등이 그 뒤를 따르고 있다. 이처럼 수요 기업에서는 빅데이터 전문인력의 비중이 공급기업보다 더 낮은 7.6%로 나타났는데, 이는 아직 빅데이터를 도입한 기업의 수가 적을 뿐 아니라 도입한 기업에서도 전체 기업의 대규모 도입보다는 파일럿 테스트와 같은 수준의 도입이 많아서, 전문인력의 수요가 높지 않기 때문인 것으로 분석되었다. 908개 수요 기업은 총 빅데이터 관련 인력이 총 432명이라고 응답하였으며, 그중 237 명은 빅데이터 분석가라고 응답하여 분석분야 직무가 가장 많은 것으로 나타나고 있으며, 빅데이터 기반 기술이라 할 수 있는 하둡/NoSQL/맵리듀스 등의 엔지니어 인력이 그 뒤를 이었다. 향후 기업에서 필요한 인력은 일반 DB 인력보다는 빅데이터 전문인력일 것으로 전망되며, 특히 '빅데이터 분석가'가 2015년 232명(전체 빅데이터 인력의 8.7%)에서 2018년에는 360명(전체 빅데이터 인력의 23.9%)이 필요할 것으로 전망되었다. 수요기업에서 빅데이터 인력은 2018년에는 2015년 대비 68.3%가 더 필요할 것으로 전망된다. 그중 필요한 인력은 빅데이터 활용을 통한 비즈니스 확장을 위해 빅데이터 분석가(현재보다 206.3%가 더 필요함)와 빅데이터 마케터 인력(현재보다 172.3%가 더 필요함)이었다. 특히 빅데이터 관련된 활용 사례들이 발표됨에 따라 단순한 부서별 데이터 분석에서 전사적으로 또는 그룹사로의 확장이 이루어져 수요 기업에서 그 인력수급이 필요할 것이나, 빅데이터 실무경험이 있는 인재는 아직 소수에 불과하여 향후 빅데이터 시장에서 그 인력수급 문제가 대두될 것으로 예상된다.

제7절 블록체인

1. 블록체인

「블록」(block)이 서로 연결되었다는 의미이다. 블록체인은 거래정보를 하나의 「블록」으로 보고, 이 「블록」을 고리(chain)로 연결한 장부를 말한다. 지금은 금융기관 등 특정기관이 모든 거래장부를 중앙에서 통합관리하고 있는데, 블록체인은 여러 거래 주체가 거래장부 사본을 나누어 보관하는 구조라고 할 수 있다. 거래참가자 간 거래내역은 모두 공유된다. 이런 이유로 블록체인을 '공공거래장부'라고도 한다. 거래 시에 데이터가 중앙시스템에 집중되는 기존 방식과 달리 거래 내역이 하나의 블록으로 형성되고, 모든 참여자들은 해당 블록을 분산형으로 갖고 있어서, 서로 연결되는 것이다. 거래참가자 모두에게 거래내용이 공개된다. 아울러 가상화폐로 거래할 때 일어날 수 있는 해킹도 방지된다. 해킹 자체가 어려워지는 것이다.

2. 시장 동향

금융업계에서 증권회사들이 블록체인 채택에 앞장서고 있다. 16개 증권사들이 모여 구축한 블록체인 컨소시엄이 가시적인 결과물을 내고 있다. 증권사 블록체인 컨소시엄은 모바일 트레이딩시스템(MTS) 블록체인 인증 통합 연계 테스트도 진행하였다. 블록체인은 공공거래 분산형 장부(distributed ledger)라고도 불리며, 가상화폐로 거래할 때 일어날 수 있는 해킹을 막는 기술이다. 상용화를 위해서는 고객에게 편의성을 제공하는 것도 중요하지만, 시스템 안정성도 간과할 수 없다. 금융투자협회(증권회사 등 금융투자회사들의 이익단체)는 리스크위원회의 검증작업을 거쳐 시범서비스를 평가한 후, 참여 회사들이 수용할 수 있을지 여부를 결정하게 된다.

금융투자협회는 2015년부터 핀테크에 대해 검토를 해왔는데, 그 후 정보관리책임자(CIO) 협의회를 운영해오고 있다. 동 협회 회원사들로 구성된 IT 위원회는 블록체인 분과위원회를 구성하였고, 미래에셋대우증권(주), NH 투자증권(주), 신한금융투자(주), 대신증권(주), 유안타증권(주), 키움증권(주) 등의 6개사가 코어그룹을 운영해 왔다. 키움증권(주)과 유안타증권(주)의 경우 상당부분 MTS 적용이 완료된 상황이며, 기타 16개의 각 증권사들도 개발 중이다. 데일리금융그룹 관계사인 코인원, 더루프, 데일리인텔리전스 등과 협력하여 시스템 개발의 막바지 단계에 이르러 있다. 유안타증권(주)는 개발은 거의 완료했지만, 동 협회 일정에 맞추려 하고 있다. 인증분야 공동플랫폼을 구축하고, 청산결제 자동화, 이후에는 장외·채권, OTC 파생상품 거래 등에도 확대적용해 나갈 예정이다. 대체거래시스템(ATS)과 자금세탁방지(AML)도 도입할 계획이다. 증권사 블록체인 컨소시엄은 2차 과제로 개인정보 노출사고 예방시스템 개선을 추진하고 있다. 소비자의 신분증 분실 등에 따른 개인정보 노출 시, 이를 다양한 금융회사와 공유해 금융서비스의 제공에 더욱 주의토록 하여 추가적 금융사고를 예방하는 시스템을 구축한다는 계획이다. 이 정보를 동 협회와 증권사가 공유하여, 실시간 대처가 가능하도록 하겠다는 것이다.

전국은행연합회 역시 증권사보다 한 발 늦었지만, 블록체인 기술력을 추격하고 있다. 삼성 SDS 와 LG CNS, SK C&C 등 대형 시스템통합(SI) 업체들이 블록체인 사업 입찰을 따내기 위해서 경쟁하고 있으며, 현재 돌풍을 일으키고 있는 인터넷뱅크와 결합할 경우 상당한 시너지 효과를 낼 것으로 예상된다.[34]

3. 해킹 방지에 유효

블록체인의 기술적 특성으로(거래참가자 모두의 거래정보가 체인처럼 연결되어 공유) 해킹하기가 어려운 구조이다. 만약 특정 블록이 해킹을 당했다고 하더라도, 다른 주체가 가진 온전한 블록을 복제해 원래대로 복구하는 체계가 존재한다. 이 때문에 데이터를 완전히 조작하려면 과반수가 넘는 블록을 조작해야 한다. 이에 따라 네트워크 규모가 크면 물리적으로 해킹이 불가능해지게 되는 것이다. 또 은행 등 금융기관의 중개가 없는 개인과 개인의 거래이기 때문에 빠른 거래가 가능하며, 중앙 서버와 보안시스템이 필요 없어 비용도 절감된다.

---

34) 한국금융신문 2017.8.28.

4. 블록체인의 사례

블록체인을 활용한 가장 대표적인 사례는 가상화폐인 비트코인이다. 가상화폐는 보안성이 극대화된 블록체인 기술의 신용을 바탕으로 거래신용을 얻는다. 해킹도 어렵지만 중앙기관이나 중개자가 없기 때문에 송금수수료 등 거래비용을 줄일 수 있고, 거래속도가 빠르다는 장점이 있다. 안전한 시스템 관리를 필요로 하는 공공데이터 관리나 의료데이터 관리, 사물인터넷, 물류시스템 등에 폭넓게 활용될 가능성이 높다.

1) 블록체인 기업 : OS

국내 최초로 암호화폐 '보스코인'의 ICO(Initial Coin Offering)를 마쳤던 블록체인 기업 「블록체인 OS」가 '보스코인'의 구조를 결정할 주요 글로벌 네트워크 인사들을 성공적으로 모으는 행사를 치렀다. '보스코인'은 다른 암호화폐들과 달리 대의민주주의의 구조를 차용하여, 주요 인사들이 의사결정을 하면 코인의 알고리즘 자체를 변경시킬 수 있는 특징을 가진 3세대 화폐다.

'비트코인'이나 '이더리움'과 같은 1, 2세대 가상화폐들은 처음 설정한 알고리즘을 변경하기가 힘들기 때문에, 최근 두 개로 가상화폐가 쪼개지는 경우가 발생하였다. 그 과정에서 각 화폐의 가격이 급등락을 하는 모습이 연출되었다. '보스코인'은 일단 만들어지고 난 뒤에도 알고리즘의 변경이 가능하기 때문에, 화폐분할 등의 위험이 덜한 강점이 있다. 현재 '보스코인' 토큰의 개발은 완료 단계에 있으며, 보안 강화를 위한 마지막 테스트 단계에 있다.

토큰이 공식 출시되면, '보스코인'은 국내외 여러 곳에서 거래가 가능하게 될 예정이다. 최근 국내에서 다양한 ICO가 진행되고 있지만, 글로벌 커뮤니티를 기반으로 실제 코인 출시를 목전에 두고 있는 것은 '보스코인'이 유일하다. '보스코인'은 mFBA(modified Federated Byzantine Agreement)라는 컨센서스 알고리즘을 사용하는데, mFBA에는 '쿼럼(Quorum Disc : 장애 조치 클러스터의 구성 정보를 저장하는 공간)'이라는 독특한 장치가 들어있다. '쿼럼'이란 블록체인의 안전성을 확보하기 위한 장치로서 신뢰성 높은 노드(node : 암호화폐에서 블록체인 네트워크 유지를 위해 채굴하는 주체)들이 소그룹을 만들어, 블록체인 합의 알고리즘에 참여하는 방식을 말한다. 이런 '쿼럼' 덕분에, '보스코인'은 높은 신뢰도를 가질 수 있다.

블록체인 OS는 2017년 5월 국내에서 최초로 암호화폐 펀드레이징을 진행하였으며, 17시간 만에 모두 6,902 비트코인 상당의 자금을 모금하였다. 1 비트코인의 시세가 현재 약 455만 원 선이므로 ICO를 통해 얻은 자금은 약 314억 원 가량의 가치이다. '보스코인'은 일반적인 언어로 스마트 콘트랙트 기능을 활용할 수 있는 '트러스트 콘트랙트'(Trust Contracts)라는 개념을 제시하여 제3세대 암호화폐로서 업계의 주목을 받고 있다.[35]

2) 주식거래와 전자투표 : 블록체인 기술 활용

(1) 주식거래

국내 증권사들은 2017.10월부터 블록체인을 활용한 본인인증 서비스를 제공하였다. 한국예탁결제원은 블록체인이 적용된 주주총회용 전자투표 시스템을 구축 중이다. 은행권보다 발빠르게 차세대 보안기술을 도입 중인 금융투자업계는 안정성과 편의성이 크게 향상될 것으로 기대하고 있다.

블록체인은 거래에 참여하는 모든 참여자가 거래기록을 분산하여 저장하는 보안기술로서 사용되기도 한다. 데이터 분산을 통해 보안을 극대화한 것이 블록체인의 가장 큰 장점이다. 인공지능, 빅데이터 등과 함께 4차 산업혁명의 핵심기술 중 하나이다. 시범기간 내에는 조회서비스를 우선 제공할 예정이지만, 향후 주문, 이체 등 서비스까지 범위가 확대될 전망이다. 블록체인은 하나의 블록체인 공동인증앱으로 여러 증권사에서 사용할 수 있어, 공인인증서처럼 매번 타 기관 인증서 등록절차를 거칠 필요가 없게 된다. 이에 따라 시범기간을 거쳐 상용화가 되면 공인인증서를 대체할 수 있을 것으로 보는 시각도 있으나, 이에 대해서는 전문가들 간에 이견도 있다.

(2) 전자투표

블록체인은 보안이 중요한 전자투표 시스템에도 적용되게 된다. 한국예탁결제원은 2018년 말까지 블록체인 기반의 전자투표 시스템을 구축하기로 하였다. 현재 전문기술업체를 선정 중에 있다. 주주총회에서 사용되는 전자투표가 블록체인 기술을 바탕으로 하게 되면, 투표 결과에 대한 해킹 및 조작 가능성이 원천적으로 사라지게 된다. 예탁결제원은 전자투표 결과에 대한 주주들의 신뢰가 높아질 것으로 기대하고 있다.[36]

---

35) 매일경제 2017.9.30.
36) 일간투데이 2017.6.19.

제8절 삼차원 프린팅

1. 삼차원 프린팅

삼차원 프린팅(3D Printing)은 프린터로 물체를 뽑아내는 기술이다. 기존의 평면 프린터와 달리 3차원의 입체모형을 만드는 기술이기 때문에, 3D 프린팅이라고 부른다.

2. 기본원리

삼차원 프린팅의 기본원리는 찰스 헐(Charles W. Hull)이 보유한 광경화 적층 방식 SLA (Stereo Lithography Apparatus) 기술의 원천특허인 '스테레오 리소그래피를 활용한 3차원 물체 제작기구'(apparatus for production of three-dimensional objects by stereolithography)가 3D 프린팅 기술의 시작이다. SLA 방식은 3D 모델링 소프트웨어로 설계한 입체모형을 여러 개의 얇은 층으로 나누는 기술을 말한다. 마치 얇은 층으로 분리한 것 같은 평면을 쌓아올려 입체감 있는 물체를 완성하는 것이 3D 프린팅 기술의 기본 원리이다.

3. 주목받는 이유

사실 삼차원 프린팅은 신규 도입 첨단기술이 아니라, 이미 1983년에 시작되었다. 이는 「3D 시스템스社」(3D Systems)의 찰스 헐(Charles W. Hull)이 개발한 것으로 알려져 있다. 이것이 4차 산업혁명 시대에 다시 주목받고 있는 것은 4차 산업혁명의 특성 때문이다.

4차 산업혁명의 중심에 인공지능이 있지만, 4차 산업혁명의 효능에는 융합에 의한 폭발적인 생산성 향상이라는 측면도 있는데, 여기에 3D 프린팅이 다양한 역할을 해내는 것이다. 과거에는 자동차, 항공, 기계 등 제조업 관련 부문에 주로 활용되었으나, 4차 산업혁명 중한 분야인 인공장기, 기타 첨단기기 생산 등 다양한 분야에 3D 프린팅 기술이 활용되어 생산성을 크게 올릴 수 있게 되었기에 산업계에서도 3D 프린팅에 대한 시각을 새롭게 재평가하고 있다. 예컨대 인공장기가 필요한 시대에 맞춤형 복제는 3D 프린팅이 가장 강력한 비교우위를 갖는 대안이다.

4. 삼차원 프린팅의 소재

보통 프린터는 잉크를 사용하지만, 3D 프린터는 플라스틱, 나일론, 금속 등 경화성 소재도 사용된다. 기존의 프린터가 문서나 그림 파일 등 2차원 자료를 인쇄하지만, 3D 프린터는 3차원 모델링 파일을 출력 원천으로 활용한다는 점에서도 구별된다.

5. 영국 케임브리지 대학의 활용

영국 케임브리지 대학에서는 2017년 3월에 3D 프린터로 인쇄한 골격과 쥐의 줄기세포를 합성하여 배아를 만드는 데 성공하였다고 한다. 생명공학에 3D 프린터가 가세되면서 더욱 융합의 효과가 커지고 있다. 다양한 용도로의 활용가능성 때문에, 지금도 산업현장에서는 3D 프린터가 가장 주목받는 기술로 평가된다.

6. 각국의 동향

미국, 유럽각국, 일본 등 이른바 기술 선진국들은 3D 프린팅 기술을 미래 성장산업으로 규정하고, 적극적으로 3D 프린팅 기술개발에 투자하고 있다. 우리나라도 2014년부터 3D 프린팅 기술을 미래 성장동력으로 분류하고, 집중적인 관심과 지원을 쏟고 있다. 3D 프린팅 기술은 자동차, 항공, 기계 등 단순한 제조공정을 넘어서서, 의료, 생명공학 등과의 융합도 이루어져 다양한 용도로의 활용성이 더욱 제고될 전망이다.

제9절 유전자 가위 기술

1. 유전자 가위 기술

유전자 가위 기술은 변형된 핵산분해효소를 사용하여, 특정부위의 DNA를 제거, 수정하는 기술이다. 최근에는 기존의 유전자 가위에 비해 효율과 정확성이 높은 3세대 기술인 크리스퍼(CRYSPR) 유전자 가위 기술도 개발되면서, 관심과 기대가 커지고 있다.

2. 핵심기능

유전자 가위는 특정 DNA 서열을 인식하는 부위와 인식된 부위를 절단하는 핵산분해효소로 구성되어 있다.

1) 서열인식 기능(특이성)

유전자 가위는 인식하도록 정한 표적서열과 이와 조금 다른 유사서열을 구분할 수 있는 정확성이 있다. 특이성이 떨어지면 세포 내 표적서열과 비슷한 유사서열을 인식하여 절단하므로, 의도하지 않은 유전체 위치에 돌연변이가 발생할 부작용이 있다.

2) 유전자 가위의 절단 효과

유전자 가위를 이용해 세포 내의 원하는 유전체 위치를 절단하면 세포 내의 DNA 치료작용이 활성화될 수 있다. 절단된 DNA가 복구되는 과정에서 발생하는 NHEJ 현상을 이용하여 유전자 기능을 제거할 수 있으며, HDR 현상을 이용하면 유전자의 정확한 수정 또는 외부유전자를 정확한 위치에 도입하는 것이 가능하다.

*NHEJ(Non-Homologous End Joining) : DNA가 잘린 부분을 정확한 템플레이트 없이 채워넣는 것으로서, 다양한 삽입과 결손이 발생되므로 이를 이용해 표적 유전자 파괴(knock-out)를 수행한다.

*HDR(Homology-Dependent Recovery) : 복구하려는 위치에 서열이 유사한 DNA가 존재하면 이를 템플레이트로 사용하여, 템플레이트가 갖고 있는 서열 그대로 복구하는 방식으로서, 원하는 형태로 유전자 서열을 교정·변형하는 데 사용된다.

□ NHEJ와 HDR을 통한 유전자 교정 방식

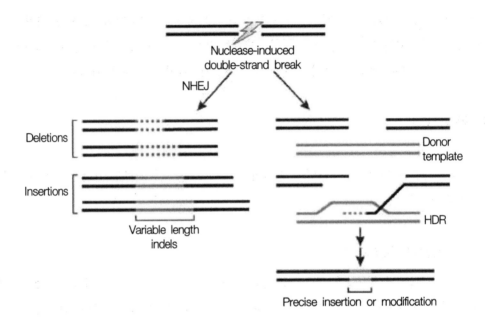

3. 응용 분야

1) 의학 분야

새로운 방식의 유전자 치료법 및 치료제 개발이 가능하여 에이즈, 혈우병 등 희귀성, 난치성 질환치료가 가능하다.

2) 축산 분야

슈퍼소, 슈퍼돼지, 질병에 강한 소나 돼지, 성분이 다른 계란을 낳는 닭의 개발이 가능하다.

3) 농업 분야

무르지 않는 토마토, 기름생산량이 많은 유채 재배, 치명적 곰팡이의 공격에서 살아남을 수 있는 바나나 신품종 등의 개발이 가능하다.

4. 전 망

1) 질병 등에 따른 사회적 비용의 감소

치료방법이 개발되어 질병을 치료하거나 당뇨병과 같은 만성질병을 치료하는 경우 환자의 건강증진에 큰 편익이 존재하고, 사회적 비용도 크게 감소될 전망이다.

2) 경제적 가치의 증대

유전자 가위 기술을 이용한 유전자 치료제 등이 개발되면 경제적 가치가 크게 증대될 전망이다. 2019년까지 유전자 교정 시장은 16억 「달러」에 달할 것으로 추정되고 있다.[37]

제10절 뇌 복제와 영생

1. 뇌 복제와 영생

미래 학자들은 30년 내에 인간의 두뇌 복제가 가능해져서, 로봇에 의한 인간 영생(영원한 생명)이 가능해질 것이라고 전망한다. 중국의 진시황이 생전에 열망하던 영생이 가능해질 수 있는 시대를 향해 가고 있는 것이다.

2. 인공 저승세계

'인공 저승세계'란 사후의 인간에게서 정신을 복제하여 가상공간에 위치시키는 기술이다.

---

37) 과학기술정보통신부, 한국과학기술기획평가원 추정

즉 정신이나 자아를 업로딩(마인드 업로딩) 하는 개념으로서, 의식이나 자아로 불리우는 '뇌 속 전기신호'를 서버에 업로딩 하는 것으로 알려지고 있으며, 현재 각국이 인공 저승세계 구축에 나서고 있다.

3. 영생의 방식

1) 로봇 안에서의 영생

현재의 기술 수준으로 볼 때 향후 실현가능성이 가장 빠를 것으로 예측되는 부분이다. 인간의 두뇌정보를 복제하여 이를 로봇 안에 이식하는 것인데, 전문가들은 30년 이내에 실현가능할 것으로 예측하고 있다.

2) 동일한 인간의 재탄생

이는 이론상으로만 제기된 것이고 과연 실현 가능할까는 의문인데, 현재의 기술 환경으로 볼 때에는 의문이나, 미래의 첨단기술 혁신시대에서는 꼭 불가능하다고 단정할 수도 없는 것이다. 구체적으로는 육신을 만들고, 거기에 복제된 두뇌정보를 이식한다. 현재 유전자 기술과 생체복제 기술이 나날이 발전하고 있는데, 특히 바이오프린팅(bioprinting) 기술도 비약적으로 발전하고 있어서 여러 요소가 잘 융합될 경우 미래 어느 시기에 동일한 인간의 재탄생이 전혀 불가능하다고 단정할 수 없는 상황이다. 바이오 3D 프린터는 3D 프린터와 유전자 편집 기술이 결합된 것으로서, 인간의 장기나 뼈에 대체가능한 것을 생산해 내게 된다.

4. 「아바타」 프로젝트

1) 「아바타」 프로젝트

로봇에 인간의 뇌를 이식하는 프로젝트이다. 러시아의 미디어산업계의 억만장자 드미트리 이츠보프(Dmitri Izbove)가 추진하고 있다. 「아바타」(Avatar)는 가상 공간에서 사용자의 역할을 대신하는 캐릭터이다.[38]

---

38) 닐 스티븐슨(Neal Stephenson)의 SF소설 「스노우 크래쉬」(Snow Crash, 1992)에서 처음으로 사용되었다.

2) 「사이버네틱」(cybernetic : 인공두뇌학) : '불멸의 아바타' 연구계획

2012년 중 러시아의 드미트리 이츠보프는 전 세계 투자자들에게 「사이버네틱」(cyber-netic : 인공두뇌학)이라는 아바타 연구계획에 투자를 권유하였다.

연구기간	내 용
2015~2020	사람의 뇌파로 조정할 수 있는 시스템을 만든다.
2020~2025	사람의 뇌를 이식할 수 있는 「아바타」를 만든다.
2030~2035	인공두뇌를 가진 「아바타」를 만들고, 여기에 인간의 개성과 의식을 이식한다.
2040~2045	홀로그램 「아바타」를 완성한다.

헤럴드경제, 2012.8.6.

5. 커즈와일

구글의 미래학자이며 과학사상가인 레이먼드 커즈와일은 플레이보이(PLAYBOY)지와의 인터뷰에서 인간은 "2029년쯤 불멸의 (영생)과정에 도달할 것"이라고 전망하였다. 즉 영생 복제된 두뇌정보가 로봇에 이식되어, 영생의 시대가 도래한다는 것이다. 사망해도 육신만 떠나고 인간의 혼 자체는 로봇에 복제되어 영생이 가능해진다는 것이다.

그는 의료 기술의 발달로 2029년부터 해마다 인간의 기대수명이 1년씩 늘게 될 것이라고 하면서, 인간의 면역체계를 대신할 나노로봇 덕분에 영생도 가능할 것으로 전망하고, 나노 로봇이 암세포를 없애고, 동맥경화 등을 치료할 수준까지 이를 것이라고 하였다. 커즈와일 은 사람의 두뇌에 세포 크기의 나노 로봇이 들어가서, 지구 전체의 인터넷에 연결하며 필요 한 기술을 그때그때 내려받을 수 있게 될 것이라고 하였다. 마치 컴퓨터 코드를 편집하듯이, 유전자를 편집해서 병을 고칠 수도 있을 것으로 전망하기도 하였다. 커즈와일은 또 미래 인류가 "더 웃기고 성적매력이 있으며 사랑하는 감정을 표현하는 데 더욱 능숙하게 될 것" 이라고 예상하였다. 그는 인공지능(AI)이 인간의 지성을 뛰어넘는 '특이점'(the singularity) 에 도달하는 시기는 2045년이라고 주장하였다.[39]

---

39) 연합뉴스 2017.2.2.

제11절 생체 인증

1. 홍채 인증

홍채 인증은 사람 안구의 홍채 정보로 사용자를 인증하는 것이다. 눈동자의 망막 패턴이 사람마다 다른 점을 이용한 것이다. 홍채 인증도 지문 인증이나 정맥 인증처럼 사람마다 다르기 때문이다.

2. 홍채 인증은 재발급 불가

금융거래 시 카드 발급은 재발급이 가능하지만, 생체 인증은 재발급이 불가능하며, 홍채 인증도 마찬가지이다. 따라서 한번 등록하면 정정할 수가 없다.

(1) 키움증권(주)의 홍채 인증

키움증권(주)는 2017년 8월부터 홍채 인증 주문·이체 서비스를 시작하였다. 홍채 인증이 가능한 갤럭시 S8, 갤럭시 S8+를 이용하는 키움증권(주) 고객은 공인인증서 대신에 등록된 홍채 정보로 주문 및 이체 등의 금융거래를 할 수 있다. 홍채 인증이란 사람마다 고유한 특성을 가진 안구의 홍채 정보로 사용자를 인증하는 시스템이다. 이 같은 특성 때문에 홍체 인식이 공인인증이나 아이디, 비밀번호로 로그인하는 방식보다 안전하고 편리하다는 평가를 받고 있다.

홍채 인증을 이용하려면 증권회사의 홍채 인증 서비스에 가입한 후, 본인의 홍채 정보를 등록하면 된다. 기존 공인인증 방식과 홍채 인증 중 하나의 인증 방식을 선택하여 사용할 수 있다.

(2) 백화점 업계의 홍채 인증

롯데홈쇼핑은 모바일앱에 지문·홍채 인증을 통한 로그인 시스템을 도입하였다. 현존하는 생체인식 방식 중 보안성이 가장 뛰어난 것으로 알려진 홍채 인증 로그인은 휴대폰 전면 카메라를 통하여 홍채 정보를 입력하면 1초 만에 이용자의 홍채를 읽어 로그인 할 수 있게 되었다. 로그인 시간이 기존보다 약 10여 초 가량 단축되게 되었다. 해당 서비스는 생체인식 기능을 지원하는 모바일기기 또는 삼성패스를 사용하는 고객이라면 누구나 이용 가능하며, 롯데홈쇼핑 앱 메인 하단의 '지문·홍채 로그인 안내'에서 생체 인증정보를 등록하면 지문을 대거나 홍채 카메라를 응시하는 것만으로도 로그인 할 수 있다.

현대백화점그룹은 현대백화점이 운영하는 온라인 쇼핑몰 '더현대닷컴'과 그룹 온라인 종합쇼핑몰인 '현대 H 몰 모바일 앱'에 홍채 인증을 통한 로그인 시스템을 도입하였다. 기존 ID·비밀번호로 로그인할 때에는 약 20여 초가 소요되지만, 홍채 인증으로는 약 10분의 1 수준인 2.3초로 시간이 대폭 단축되고, 편의성과 보안성이 강화되었다.

(3) 정맥 인증과 지문 인증

① 정맥 인증 : 정맥의 헤모글로빈 기능을 활용하여 본인임을 확인하는 방식으로서, 일본에서 활용되고 있는 생체 인증의 한 방식이다.
② 지문 인증 : 사람마다 지문의 차이를 이용하여 본인 여부를 확인하는 방식으로서, 국내 금융권에서는 키움증권(주) 등이 이용하고 있다. 즉 키움증권(주)는 홍채 인증과 지문 인증 두 가지 중 하나를 선택하여 이용 가능하도록 하고 있다.

제12절 스마트 도시

1. 스마트 도시

'스마트 도시'란 도시의 경쟁력과 삶의 질의 향상을 위하여 건설·정보통신 기술 등을 융·복합하여 건설된 도시기반시설을 바탕으로, 교통, 환경, 방재 등 다양한 도시서비스의 제공이 지속가능한 도시를 말한다. 이하 '스마트 시티'라는 용어를 병용한다.

2. 「스마트 도시 조성 및 산업진흥 등에 관한 법률」

스마트 도시 조성을 뒷받침하기 위하여 「스마트 도시 조성 및 산업진흥 등에 관한 법률」

(스마트도시법)이 제정되어 2017.9.22.부터 시행되었다. 이는 세계 최초의 스마트 시티 관련 입법례이다.

　동법은, 스마트 도시의 효율적인 조성, 관리·운영 및 산업진흥 등에 관한 사항을 규정하여 도시의 경쟁력을 향상시키고, 지속가능한 발전을 촉진함으로써 국민의 삶의 질 향상과 국가 균형발전에 이바지함을 목적으로 한다.

3. 관련 용어

(1) 스마트 도시 서비스

　스마트 도시 기반시설 등을 통하여 행정·교통·복지·환경·방재 등 도시의 주요 기능별 정보를 수집한 후 그 정보 또는 이를 서로 연계하여 제공하는 서비스로서, 대통령령으로 정하는 서비스를 말한다.

(2) 스마트 도시 기술

　스마트 도시 기반시설을 건설하여 스마트 도시 서비스를 제공하기 위한 건설·정보통신 융합 기술과 정보통신 기술을 말한다.

(3) 스마트 도시 건설사업

　스마트 도시계획에 따라 스마트 도시 서비스를 제공하기 위하여 스마트 도시 기반시설을 설치·정비 또는 개량하는 사업을 말한다.

(4) 스마트 도시 산업

　스마트 도시 기술과 스마트 도시 기반시설, 스마트 도시 서비스 등을 활용하여 경제적 또는 사회적 부가가치를 창출하는 산업을 말한다.

(5) 스마트 도시 기반시설

다음의 어느 하나에 해당하는 시설을 말한다.
① 「국토의 계획 및 이용에 관한 법률」 제2조 제6호에 따른 기반시설 또는 같은 조 제13호에 따른 공공시설에 건설·정보통신 융합기술을 적용하여 지능화된 시설
② 「국가정보화 기본법」 제3조 제13호의 초고속정보통신망, 같은 조 제14호의 광대역통합

정보통신망, 그 밖에 대통령령으로 정하는 정보통신망

③ 스마트 도시 서비스의 제공 등을 위한 스마트 도시 통합운영센터 등 스마트 도시의 관리·운영에 관한 시설로서 대통령령으로 정하는 시설

④ 스마트 도시 서비스를 제공하기 위하여 필요한 정보의 수집, 가공 또는 제공을 위한 건설기술 또는 정보통신 기술 적용 장치로서 폐쇄회로 텔레비전 등 대통령령으로 정하는 시설

4. 국가 스마트 도시위원회

스마트 도시에 관련되는 주요 사항을 심의하기 위하여 국토교통부장관 소속으로 스마트 도시위원회를 설치하고, 동 위원회는 위원장 1명, 부위원장 3명을 포함한 25명 이내의 위원으로 구성한다. 위원장은 국토교통부장관으로 하고, 부위원장은 과학기술정보통신부차관, 행정안전부차관 및 국토교통부차관으로 한다. 위원은 ① 스마트 도시에 관한 학식과 경험이 풍부한 자로서 국토교통부장관이 위촉한 자, ② 대통령령으로 정하는 중앙행정기관의 차관이다.

5. 스마트 도시 사업협의회

스마트 도시 건설사업 등을 추진하려는 지방자치단체의 장은 사업추진을 위한 사항을 협의하기 위하여 스마트 도시 사업협의회를 구성·운영하여야 한다.

6. 국내의 스마트 도시 추진계획

1) 인천 지역

국내에서는 송도·청라·영종 등 인천경제자유구역을 건설 단계부터 스마트 도시로 건설해 왔으며, 현재 통합운영센터를 구축하여 교통, 방범, 환경 등 5대 공공서비스를 제공하고 있다. 그러나 스마트 시티 기술이 신도시 건설에만 적용되어 원도심과의 격차를 심화시키고, 원도심 공동화 등 도시문제를 야기하였다.

이 같은 문제를 해결하기 위하여 국내 처음으로 원도심에 스마트 시티 기술을 적용하여 도시재생사업을 진행키로 하였다. 원도심을 여성, 아동, 노인, 장애인 등 4대 약자 친화형 도시로 건설키로 하고, 보건의료복지, 문화관광, 교육, 환경 등 11개 분야의 인프라를 구축하기로 하였다.

2) 평택시

경기도 평택시는 5세대 이동통신 등 첨단 기술을 활용하여 스마트 도시를 추진하고 있다. 2022년까지 연차적으로 440억 원을 투입하여 모빌리티, 에너지, 리빙(living), 안전, 복지 등 5개 분야에서 10개의 기존 서비스를 고도화하고, 16개의 신규 서비스를 제공한다. 스마트 시티 통합운영센터를 통하여 방범 CCTV, 교통정보(BRT), 실시간 교통제어, 모바일을 활용한 생활정보 등 기존 서비스를 통합 운영할 계획이다. 이 밖에도 대규모 산업단지 조성과 주한 미군기지 이전 등 도시구조 개편에 따른 안전도시의 구상, 원도심 지역 내 ICT 기술의 적용, 어린이, 여성, 노약자를 위한 맞춤형 정보서비스의 제공 등을 실시할 예정이다. 평택시는 신도시 개발사업, 원도심 재생사업, 기존 도시기반시설 등에 IoT, 빅데이터, 5G 와 같은 첨단기술을 적용하여 지능화된 스마트 도시를 추진 중이다.

3) 세종시, 부산시

정부는 인공지능(AI)과 블록체인을 기반으로 하는 스마트 시티를 세종시와 부산시에 조성한다. 2019년 2월 13일 대통령 직속 4차 산업혁명위원회와 국토교통부는 부산 벡스코(BEXCO)에서 스마트 시티 혁신 전략 보고회를 열고 이를 발표하였다. 세종시에 구축되는 스마트 시티의 이름은 '세종 5-1 생활권'이다. AI 데이터센터, 자율주행전용도로 등이 들어설 계획이다. 세종시는 스마트 시티를 목표로 2018년 12월 세계 최초로 스마트 시티 국제인증(ISO37106)을 획득하였다.

부산시에 세워지는 스마트 시티 '에코델타 시티'는 급격한 고령화와 일자리 감소 등의 도시문제에 대응하는데 초점을 맞추고 있다. 이곳에는 워터사이언스, 신한류 AR · VR, 로봇, 스마트 스쿨, 빌딩형 정수시설 등의 공간이 들어설 예정이다.

세종시와 부산시는 서로 동일하게 블록체인 기반의 보안시스템을 구축해 데이터를 관리할 예정이다.

7. 스마트 시티 인증제도

지방자치단체가 스마트 시티 사업을 추진할 때에는 정부로부터 적합성 평가를 받도록 하는 제도이다. 스마트 시티 인증제도는 도시 간 스마트 시티 도입 경쟁을 유도하고, 적정한 사업 수준을 유지하기 위해 만든 제도이다. 개별 사업과 솔루션을 비롯해 스마트 시티 플랫폼에도 인증이 도입되는 것이다.

8. 전 망

스마트 시티는 도시 내 모든 사물을 인터넷에 연결해 교통·에너지·보안 등 모든 분야의 실시간 데이터를 확보하여 도시 공간의 운영 효율성을 극대화하는 기술이다. 시장조사기관 프로스트 앤 설리반(Frost & Sullivan)은 2020년 스마트 시티 시장규모가 1조 5,000억 달러에 달할 것으로 전망하였다.

전문가들은 스마트 시티가 도시 공간 전체를 사물인터넷(IoT)과 결합하는 과정이며, 도시의 에너지 소비를 30%가량 감소시키고, 교통체증도 획기적으로 줄여 도시의 삶이 크게 변화할 것으로 전망하고 있다. 예컨대 스마트 시티는 도시 내 모든 건물의 냉난방 수요 데이터를 실시간으로 파악하여 도시의 에너지 공급과 발전량을 결정한다. 유동인구 데이터를 활용하면, 대중교통의 배차 간격도 실시간으로 조율이 가능하다.

스마트 도시의 첫 단계는 IT 기술을 적용한 스마트 빌딩을 서로 연결하는 것이다. 스마트 빌딩은 빌딩 전체를 제어하는 자동화 시스템과 사물인터넷을 결합한 것이다.

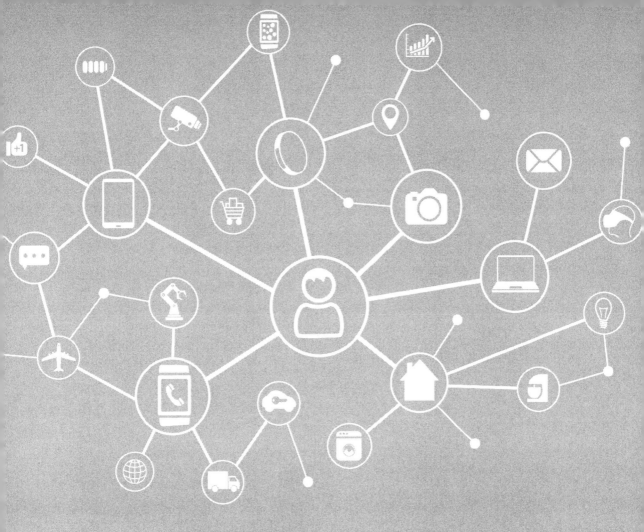

06
CHAPTER

4차 산업혁명과 직업 변화 예측

INDUSTRIE
4.0

CHAPTER 06 4차 산업혁명과 직업 변화 예측

제1절 세계경제포럼(WEF)의 전망

2016년 열린「세계경제포럼」(다보스포럼) "일자리의 미래"(The Future of Jobs) 보고서에 의하면 2020년까지 4차 산업혁명으로 인한 신기술이 새롭게 만들어낼 일자리는 210만 개에 불과하고, 사라지는 일자리는 총 710만 개에 달할 것으로 전망하였다. 그리하여 현재의 일자리 수 가운데 500만 개 정도가 줄어들 것이라고 예상된다.

고용시장에서는 인공지능, 로봇, 사물인터넷, 가상개인비서, 무인자동차, 3D 프린팅 등의 활성화에 따라, 이에 적응하는 근로자와 잘 적응되지 못하는 자 사이에 승자와 패자로 나타날 것으로 예상된다. 초등학교 입학생의 65%는 현재 존재하지 않는 직업을 갖게 될 것이고, 사라지는 710만 개와 새로 창출되는 일자리인 210만 개 정도의 차로서 줄어드는 500만 개의 일자리는 주로 행정직과 사무직일 것으로 예상되고 있다.

클라우스 슈밥은「세계경제포럼」이 작성한 '2025년 발생할 티핑 포인트' 21가지를 제시하면서, 미래의 대변혁을 예고하였다. 동「세계경제포럼」내의 '소프트웨어와 사회의 미래'에 관한 '글로벌 어젠다 카운슬'은 4차 산업혁명에 따라 향후 10년 내에 발생할 일들에 대하

여, 정보통신 관련 경영자 및 전문가 800명을 대상으로 실시한 조사를 바탕으로 하여 '2025
년에 발생할 티핑 포인트'를 작성하였다. 다음 표에서 오른쪽 비율은 이슈에 대한 설문응답
자의 비율을 나타낸다.

(단위 : %)

이슈	비율
인구의 10%가 인터넷에 연결된 의류를 입는다.	91.2
인구의 90%가 (광고료로 운용되는) 무한 용량의 무료저장소를 보유한다.	91.0
1개조의 센서가 인터넷에 연결된다.	89.2
미국 최초의 로봇 약사가 등장한다.	86.5
10%의 인구가 인터넷이 연결된 안경을 쓴다.	85.5
인구의 80%가 인터넷상 디지털 정체성을 갖게 된다.	84.4
3D 프린터로 제작한 자동차가 최초로 생산된다.	84.1
인구조사를 위해 인구센서스 대신 빅데이터를 활용하는 최초의 정부가 등장한다.	82.9
상업화된 최초의 (인체)삽입형 모바일폰이 등장한다.	81.7
소비자 제품 가운데 5%는 3D 프린터로 제작된다.	81.1
인구의 90%가 스마트폰을 사용한다.	80.7
인구의 90%가 언제 어디서나 인터넷 접속이 가능하다.	78.8
미국 도로를 달리는 차들 가운데 10%가 자율주행 자동차이다.	78.2
3D 프린터로 제작된 간이 최초로 이식된다.	76.4
인공지능이 기업감사의 30%를 수행한다.	75.4
블록체인을 통해 세금을 징수하는 최초의 정부가 등장한다.	73.1
가정용 기기에 50% 이상의 인터넷 트래픽이 몰리게 된다.	69.9
전 세계적으로 자가용보다 카셰어링을 통한 여행이 더욱 많아진다.	67.2
5만 명 이상이 거주하거나 신호등이 하나도 없는 도시가 최초로 등장한다.	63.7
전 세계 GDP의 10%가 블록 기술에 저장된다.	57.9
기업의 이사회에 인공지능 기계가 최초로 등장한다.	45.2

* 클라우스 슈밥(송경진 역), 앞의 책, 52면.

슈밥(Klaus Schwab)은 과학기술의 고용에 대한 영향을 두 가지 상충효과로 설명한다. 하나는 기술이 빚어낸 파괴효과와 자동화로 인해 자본이 노동을 대체하는 현상이 발생하고 이 때문에 노동자들은 일자리를 잃게 되거나 자신의 능력을 다른 곳에 재배치하게 된다는 것이고, 다른 하나는 새로운 재화와 서비스에 대한 수요가 증가함에 따라 새로운 직종과 사업, 산업분야가 창출되는 자본화 효과가 동반된다는 것이다.

마인처(Klaus Mainzer) 뮌헨공대 교수도 비슷한 견해인데, "그는 4차 산업혁명 시대에 일자리가 줄어들겠지만 그에 맞춰 교육을 받은 사람들이 새로운 일자리를 만들어낼 수 있고, 다만 산업이 변하면서 전문분야가 바뀌게 될 것"이라고 하였다.

제2절 미래관련 연구소 예측

1. 다빈치연구소

세계적인 미래학자 다빈치연구소(Davinci Institute)의 토머스 프레이(Thomas Frey) 소장은 2030년이 되면 20억 명의 사람이 직업을 잃게 될 것이라고 하였다. 그는 실제로 그러한 일이 도래할 것이라고 예고하면서, 새로운 일자리를 빨리 만들어야 한다고 하였다. 이 주장을 뒷받침하기 위해 그는 엘리베이터 산업의 예를 들었다. 즉 "100년 전에는 26,000명의 엘리베이터 안내원이 있었으나, 자동화가 달성되면서 모두 사라졌다. 하지만 엘리베이터 수리공은 아직 사라지지 않았다"라고 하였다. 직업군이 사라진다고 해서 관련한 모든 일자리가 사라지는 것은 아니라는 것이다.

1) 미래의 일자리는 미래의 산업에서 비롯된다

프레이(Thomas Frey) 연구소장은 "자동화의 발달로 인간의 노동력 사용은 기하급수적으로 감소하지만, 능력은 같은 비율로 증가하게 될 것"이라고 하면서, 미래의 일자리는 미래의 산업에서 비롯한다고 주장하였다. 새로운 기술은 지금까지 없던 플랫폼을 만들고 산업을 일으키며, 혁신을 가져온다는 것이다. 프레이 소장은 "드론의 발달에 따라 수많은 일자리가 사라지게 되겠지만, 반대로 드론 통제실 운영자, 데이터 분석가, 드론 파일럿, 모니터 요원, 규제 담당자 등 무수히 많은 직업이 생겨날 것"이라고 하면서, "2030년 정도가 되면 약 10억 개의 드론이 머리 위를 떠다닐 것으로 예상되며, 어떤 모습의 산업이 발생할지 현재로서는 예측하기도 어렵다"고 하였다.

2) 미래가 현재를 바꾼다. 4차 산업혁명은 일자리를 만드는 혁명이다

프레이 소장은 4차 산업혁명이 꼭 일자리를 빼앗아 갈 것으로 예측하는 것은 아니다. 4차 산업혁명에 따라 수많은 직업군이 생길 것이기 때문에, 오히려 새로운 기술 덕분에 일자리를 잃지 않고 지원과 도움을 받을 수도 있을 것으로 보고 있다. 즉 "5만 개의 드론이 머리 위를 날아다니는 시대가 오면 수많은 신규 직업군이 탄생할 것이고, 미래의 비전에 따라 현재 역시 변하게 된다"라고 하였다.

2. 유엔미래포럼
– 4차 산업혁명 시대에는 경쟁적 지능이 아닌 시너지 지능을 추구하라

제롬 글렌(Jerome Glenn, 1945~) 「유엔미래포럼」 회장은 4차 산업혁명 시대에 경쟁적 지능이 아닌 시너지 지능에 관심을 보였다. 요컨대 융합의 효과에 주목하라고 하였다.

세계적 미래학자로 꼽히는 글렌(Jerome Glenn) 회장은 2018.7.19. 제주도에서 열린 '제42회 대한상의 제주포럼'에서 '4차 산업혁명과 기업의 미래'라는 주제로 한 강연에서 "4차 산업혁명 시대에는 경쟁적 지능이 아닌 시너지 지능을 추구하라"고 하였다. 그는 4차 산업혁명 시기에는 비즈니스의 모든 요소가 인공지능(AI)과 연결되고, 회사는 하나의 집단지성 시스템으로 변화할 것이라고 하면서, 앞으로는 다양한 미래기술을 통합해 시너지를 낼 수 있도록 하는 '넥스트 테크놀로지(NT : Next Technologies, 차세대 기술)'의 시대가 올 것이라고 하였다.

글렌(Jerome Glenn) 회장은 "여태까지는 IT(Information Technology, 정보 기술)에서 경제적 성과가 나오고 있지만, IT도 결국 NT의 하나에 불과하다"며 "유전자를 활용한 합성 생물학, 클라우드 컴퓨팅, AI가 모든 기술 간 시너지를 도출하는 것이 NT"라고 설명하였다. 그러면서 NT 시대에 나타날 수 있는 현상으로서 바이오 혁명, 자기실현 경제, 의식 있는 기술 등 세 가지를 꼽았다. 컴퓨터 코드를 쓰듯 유전자 코드를 해독·활용할 수 있는 날이 다가오고 있으며, 개인들은 단순히 일이 아닌 시장을 찾아다닐 것이라는 설명이다. 또 인간과 기술의 결합이 전세계적으로 일어날 것이라고 주장하였다. 글렌 회장은 또 4차 산업혁명의 시기에 기업이 해야 할 일로서는 향상시스템의 초안을 작성할 것, 생산성이 아닌 질적인 측면에 집중할 것, 단순한 경쟁적 지능이 아닌 시너지적 지능을 모색할 것, NT를 활용해 어떻게 시너지를 만들어 낼지 고민할 것 등을 제시하였다. 그는 "사회가 점차 스마트화하면서 퀄리티(질)가 떨어지는 것에는 사람들의 인내가 없어진다"며 "자기 회사가 가질 수 있는 시너지 지능이 무엇일지에 대해 심도 깊은 고찰을 하여야 한다."고 강조하였다.[40]

3. 노무라종합연구소
– 특이점(singularity)이 도래하면 약 90%가 직업 상실

노무라종합연구소(NRI)는 기술발달로 AI 능력이 인간을 웃도는 특이점(singularity)에 도달하게 되면, 일본 내에서 노동자의 약 9할이 기술적 실업 위기에 몰릴 것으로 전망하고 있다. 다만, 대체가능성이 낮은 직업은 약 절반 정도가 살아남을 것으로 보고 있다.

대체가능성이 낮은 것들로서는 아트 디렉터(art director), 아나운서, 인테리어 디자이너, 학교의 상담사, 카피라이터(copywriter), 게임 크리에이터(game creator), 크리에이티브한 계통, 그 외에 산부인과 의사, 치과 의사, 수의사, 소아과 의사, 조산사, 정신과 의사, 내과 의사 등 의료서비스업 계통이다. 이들 업종은 인간의 기능, 경험, 기량이나 발상에 크게 좌우되는 업종으로서 향후 약 20년 정도는 AI 및 로봇으로 대체되는 일은 없을 것이며, 2036년 정도가 되어도 직종의 절반 정도는 인간이 계속 담당할 것으로 예상하고 있다.

4. 선대인 경제연구소

선대인 경제연구소의 선대인 소장은 한국의 일자리 변화와 관련하여 7가지를 제시하고 있다.

---

40) 머니투데이 2017.7.19. 김성은 기자 기사 참조

1) 일자리의 변화

① 앞으로 일자리 개수가 줄어들 가능성이 높다.

② 기업과 일자리의 수명이 짧아진다. 반면에 인간의 수명은 길어진다. 새로운 흐름을 따라가는 평생학습이 필요하다.

③ 정형화된 일자리가 줄어든다. 어정쩡한 중급기술 직업이 가장 위험하다. 나중에는 하급기술 일자리도 많이 줄어들 것으로 예상된다.

④ 사람들의 욕구가 세분화되고 이를 추적할 수 있는 빅데이터 분석이 가능해지면서 '롱테일 법칙'(80%의 '사소한 다수'가 20%의 '핵심 소수'보다 뛰어난 가치를 창출한다는 이론 ⟷ '파레토 법칙'과 상반된다)이 작동한다. 대량의 수요뿐만 아니라 조그만 수요를 충족해주는 일자리도 얼마든지 생겨날 수 있다.

⑤ 기계가 대체하지 못하는, 창의성과 고차원의 사고능력이 필요한 일자리의 가치가 증대한다.

⑥ 비효율적인 분야가 효율화된다. 예를 들어 '배달의 민족', '요기요' 같은 앱의 등장으로 배달시장이 효율화된 사례에 주목할 필요가 있다.

⑦ 라이선스 직업의 직무 하향 이동이 일어날 가능성이 높다. 의사, 변호사 등 전문직이 해오던 일을 훨씬 더 잘하는 서비스들이 생겨나고 있다.

2) 대응방안

(1) 기업

기업이 성장해도 일자리는 늘어나지 않는다. 그러면 어떤 산업과 기업이 부상하게 될까?

(2) 개인

직장이 아닌 직업을 찾는 것이 바람직하다. 미래 사회에 필요한 일을 발견하고, 여러 번의 생애 전환기에 대비하여야 한다. 오로지 '나'이기에 가능한 능력, 자산구조와 소득 구조에 변화를 주고, 금융지능을 키우는 것이 필요하다.

(3) 사회

불평등사회에서는 일자리가 제대로 만들어지지 않는다. 조세제도의 개혁, 공공이전소득, 기본소득제와 로봇세 도입, 기본자본 또는 공유자본의 도입이 필요하며, 일의 미래를 바꾸

려면 교육분야에 투자하는 것이 중요하다.

제3절 국제노동기구(ILO)와 한국고용정보원의 일자리 예측

　미래의 일자리를 오늘날 현황의 관점에서 예측하기는 쉽지 않다. 기술발전의 속도가 워낙 빠르기 때문에, 과연 어떻게 변화할지 누구도 장담하기 어렵기도 하다. 그럼에도 4차 산업혁명으로 인한 일자리의 감소 등 고용변화에 관해 여러 견해가 있는바, 이를 살펴보기로 한다.

1. 국제노동기구

　국제노동기구(ILO)는 2016년 7월, 수작업을 대신하는 로봇의 확산으로 향후 20년간 아시아의 근로자 1억 3,700만 명이 일자리를 잃을 수 있다고 경고하였다. 태국, 캄보디아, 인도네시아, 필리핀, 베트남 등 5개국 임금근로자의 56%에 달하는 규모이다. 그동안 개발도상국은 저임금을 바탕으로 공장을 유치하여 성장해 왔고, 그와 같이 축적한 자본을 투자하여 경제규모를 키워 왔다. 유럽 선진국보다 다소 뒤늦게 산업화에 뛰어든 한국, 대만, 중국 등이 그와 같이 성장하였는데, 앞으로는 무인공장의 확산으로 이러한 성장방식이 과거처럼 계속되기는 어려울 것이다.

2. 한국고용정보원

　한국고용정보원이 2017.1.3. 발표한 "인공지능, 로봇의 일자리 대체 가능성 조사"에 따르면, 2025년에는 인공지능과 로봇의 기술수준이 사람의 직업능력을 상당 부분 대신할 정도로 높아질 것이라고 한다. 2016년을 기준으로 할 때 우리나라 전체 직업 종사자의 12.5%가 인공지능과 로봇으로 대체되었으며, 이 비율이 2020년에는 41.3%, 2025년에는 70.6%까지 높아질 것으로 전망되고 있다.

동 정보원이 발표한 '분야별 미래유망직업'에 따르면, 첨단과학 및 사업분야에서는 인공지능 전문가, 사물인터넷 전문가, 빅데이터 분석가, 가상현실 전문가 등이 손꼽히고, 복지와 공공안전 분야에서는 사이버포렌식(데이터 복원 기술) 전문가, 범죄예방환경 전문가, 동물매개 치료사 등이 유망직업으로 제시되었다.

미국의 직업 수는 약 30,000개, 일본의 직업 수는 약 25,000개임에 비하여, 우리나라의 일자리 수는 약 12,000개로서 부족한 현실이므로, '창직'(創職)이라는 새로운 단어가 제시되면서 직업개발의 필요성이 역설되기도 한다. 또한 향후 대부분 산업에 IT 기술이 접목될 것이고, 유비쿼터스 세상이 더욱 진전되면서 관심 직업으로서는 인공지능 전문가, 사물인터넷 개발자, RFID 개발자, 증강현실 엔지니어, 클라우드컴퓨팅 개발자, 빅데이터 분석가, u-헬스 전문가들이 주목된다고 한다.[41]

제4절 사라질 직업과 생겨날 직업

1. 사라질 직업 예상

미래 사회가 디지털화, 기계화, 로봇화되면서 20년 내에, 현재 미국의 직업 수 약 3만 개 중 절반가량이 사라질 것으로 예상되고 있다. 2020년까지 사라질 직업으로는 우편배달부, 계량기 검침원, 농민, 신문기자, 보석 세공인, 벌목꾼, 항공기승무원, 보링 머신공, 손해평가사, 재봉사 등 10가지가 예상되고 있다. 로봇이 인간의 노동을 대신하면서, 직업이 사라지는 속도도 가속화 될 전망이다.

(1) 일본 노무라종합연구소와 영국 옥스퍼드대학 공동연구진의 분석에 따르면 슈퍼의 점원, 일반 사무원, 택시 운전기사, 호텔객실 종사자, 그리고 경비원 등도 조만간 사라질 직업들로 예상되고 있다.

(2) 한국고용정보원에서도 제품 조립원과 청원경찰, 미화원 등 비교적 단순하고 반복적인 직업들은 사라질 가능성이 높다고 분석하였다. 교사나 일반의사, 항공관제사 등 전문직도

---

41) 한국고용정보원의 김중진 연구원

예외는 아니다. 이미 인간의 몸속을 탐험하며 수술하는 초소형 로봇까지 등장하였다.

(3) 미래학자 토머스 프레이(Thomas Frey, 다빈치연구소장)는 2030년까지 사라질 직업으로 다음의 100가지를 예상하였다.

> **2030년 사라질 100가지 직업**
>
> 택배서비스, 음식 및 피자배달원, 우편배달원, 해충구제서비스, 토지현장측량사, 지질학자, 긴급구조요원, 비상구조대원, 소방관, 경비원, 건설현장모니터, 보석, 신발, 산업디자인, 건축, 건설, 자동차, 우주항공, 치과 및 의료산업, 토목공학, 기계기술자, 노동조합, 물류창고 직원, 언론뉴스기자, 저자 및 소설가, 군사기획관, 암호전문가, 영양사, 다이어트전문가, 방사선과의사, 심리전문가, 의사, 심리치료사, 회계사, 경리, 변호사 및 법률사무소 직원, 소매점원, 체크아웃 직원, 재고전문가, 외과의사, 약사, 수의사, 수위, 미화원, 해충구제 및 산림관리자

2. 살아남을 직업들

그러면 미래에도 살아남을 것으로 예상되는 직업들은 어떠한 것이 있을까?

한국고용정보원이 제시한 자동화 대체 확률이 낮은 직업으로는 1위 화가나 조각가와 같은 예술가, 2위 사진작가, 3위 작가, 4위 지휘자 · 작곡가 · 연주가와 같은 음악가, 5위 애니메이터 · 만화가, 6위 무용가 · 안무가, 7위 가수 · 성악가, 8위 메이크업 아티스트, 9위 공예원, 10위 예능 강사 등이다. 화가나 작가, 지휘자 등 예술과 관련된 직업은 로봇이 대체하기 힘든 직업으로 예상되고 있다.

추상적 개념을 정리하거나 창출하는 지식이 요구되는 예술 · 역사학 · 철학 등의 직업군, 다른 사람과 협상을 하거나 다른 사람을 이해 · 설득해야 하는 서비스 직업군, 다른 사람과 소통해야 하거나 창조성이 요구되는 의사, 교사, 미용사, 관광가이드, 영화감독, 음악가 등은 대체하기 어려운 직업군으로 분류되었다.

3. 새로 생겨날 직업

유엔미래포럼이 전망하는 향후 생겨날 직업

인공지능 전문가, 개인브랜드 매니저, 무인자동차 엔지니어, 증강현실(augmented reality) 전문가, 홀로그래피 전문가, 양자컴퓨터 전문가, 로봇기술자, 정보보호 전문가, 군사로봇전문가, 브레인 퀀트(brain quant : 금융상품을 만드는 사람), 대안화폐 전문가, 매너컨설턴트, 오피스 프로듀서, 인재관리자, 글로벌자원 관리자, 최고경험관리자, 창업투자 전문가, 인도지역 전문가, 복제전문가, 생체로봇 외과의사, 기억수술 외과의, 두뇌시뮬레이션 전문가, 우주관리인, 에너지수확 전문가, 4세대 핵발전 전문가, 극초음속비행기 기술자, 환경병 컨설턴트, 탄소배출권 거래중개인, 탄소배출점검 전문가, 미세조류 전문가, 수소연료전지 전문가, 나노섬유의류 전문가, 미래예술가, 디지털고고학자, 특수효과 전문가, 미래 가이드(future guide), 건강관리 전문가, 배양육 전문가, 내로캐스터(narrow caster : 유선 방송가), 결혼 및 동거 강화 전문가, 아바타 관계 관리자, 식료품 구매대행, 우주여행 가이드, 익스트림 스포츠가이드, 세계윤리 관리자, 장기취급 전문가, 유전자상담사, 치매치료사, 임종설계사 (유엔미래포럼 : 유엔미래보고서)

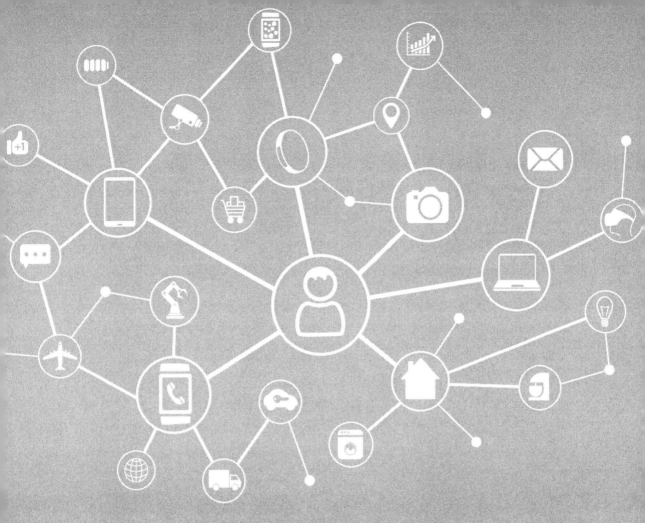

07

CHAPTER

4차 산업혁명과 대응

INDUSTRIE
4.0

CHAPTER 07 4차 산업혁명과 대응

제1절 4차 산업혁명과 대응자세

1. 큰 변화의 물결을 담담히 받아들이자

현재 진행되고 있는 상황이 디지털혁명의 연장선 즉 제3차 산업혁명의 연장선인가, 아니면 새로운 4차 산업혁명의 시작인가의 논쟁은 그 실익이 적으며, 여하간 확실한 것은 '알파고' 충격에서 보았듯이 과거와 다른 큰 변화가 닥쳐오고 있다는 엄중한 현실이다. 큰 변화의 물결을 있는 그대로 목도하고, 겸허히 받아들이는 자세가 어느 정도 필요하다고 본다.

2. 독일, 미국, 일본은 이미 4차 산업혁명에 대비하는 단계에 진입해 있다

독일, 미국, 일본은 이미 4차 산업혁명에 대비하는 단계에 들어가 있다. 정부와 민간이 합심하여 대응하고 있다. 큰 변화가 진행되고 있는데, 우리도 이를 외면하거나 평가절하하기보다는 각 경제주체가 이에 대해 착실히 준비하고 대응하는 것이 필요하다.

제2절 대응방안

1. 관 주도가 아닌 민관 주도가 바람직

모든 정책의 효율성은 관 주도로만으로는 잘 이루어질 수 없고, 민간 주도로 나아가야 높아진다. 기업들의 호응도 어느 정도 뒷받침되어야, 정부 정책의 추진이 원활해진다.

2. 제조업 등 여타 산업과의 융합 내지 조화

과거처럼 '첨단', '벤처' 등의 구호에 치우치지 말고, 4차 산업혁명 관련 분야가 제조업과의 조화를 이루어나가는 것이 필요하다. 일부 제조업을 굴뚝산업으로 폄하한다든가, 아니면 마치 외면 내지 버려야 할 것으로 치부하여서는 아니 된다.

예컨대 과거 어느 한때 섬유산업이 사양산업으로 회자된 적이 있었으나, 탄소섬유 등 첨단기술이 등장하면서 그 이미지가 새롭게 변하였다. 또한 과거 필리핀이 개발에 중점을 두고 농업의 근간인 벼농사를 외면한 결과 식량부족 사태로 쌀 등의 식량을 수입하는 쌀 수입국으로 전락하였는데, 전통산업이 외면받거나 폄하되어서는 국민경제상 부작용이 발생한다. 독일에서 4차 산업혁명의 성공은 제조업과 사물인터넷의 결합, 즉 제조업과 조화를 이룬 점이 실효적이었다. 4차 산업혁명 관련 산업 분야만 앞으로 나갈게 아니라, 여타 산업들과의 융합 내지 조화를 이뤄 발전하는 것이 아주 중요하다.

3. 법과 제도의 정비

4차 산업혁명 관련 산업들이 활성화될 수 있도록 법적, 제도적 뒷받침이 이루어져야 한다. 최근에 야간비행 등과 관련 항공안전법의 개정이 이루어지는 등 드론 관련 규제가 일부 완화되었다. 그러나 아직도 여러 부문에서 관련 규제의 완화 요구가 여전하다. 예컨대 사물인터넷 활용과 관련 원격진료서비스가 가능하도록 관련 사항들에서 제도적인 지원이 필요하다고 한다. 인공지능 혹은 자율주행자동차와 관련하여서는 사고 시의 책임 한도 등 여러 사항들의 정비가 필요하다고 한다. 최근 국회 차원에서 법령 정비를 통한 제도 지원이 모색되고 있는 것은 그나마 다행이다. 분야별 전문가들이 모여 지혜를 모아 해결의 문을 열어야 할 것이다.

4. 교육 분야에 투자 확대

1) 근로자

근로자가 여러 첨단기술로 무장한 스마트 근로자가 되도록 교육훈련의 기회를 다양한 방식으로 부여하고, 이를 장려하는 것이 필요하다.

2) 학생

학생들이 기업현장에서 필요로 하는 스마트 근로자가 될 수 있도록, 재학 중에 각종 첨단 기술 자격증을 취득할 수 있는 기회를 넓혀주도록 한다.

3) 정부와 기업

4차 산업혁명의 진행으로 신규 일자리도 생기겠지만, 실업자도 상당히 발생하게 되므로 고용확대 정책이 강력히 추진되어야 한다.

4) 사회안전망의 꾸준한 강화

4차 산업혁명의 진행으로 소득의 양극화가 더 심화될 것으로 예상되는바, 실업자에 대한 지원 등 사회안전망도 구축하여야 한다.

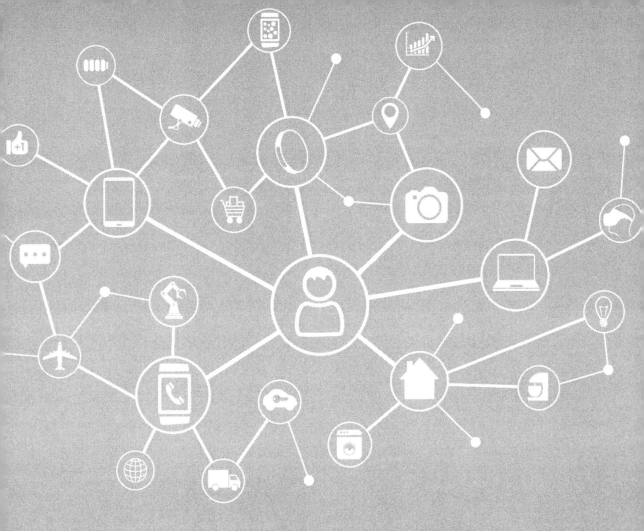

08

CHAPTER

4차 산업혁명과 일자리 대응

INDUSTRIE
4.0

4차 산업혁명과 일자리 대응

제1절 자동화와 노동 대체

우리 사회에서 그간의 경제성장에도 불구하고 계속 점철되어 온 '취업대란'의 해소는 오래된 숙제이며, 이제 그야말로 "최고의 복지는 일자리이다"라는 말도 과언이 아니다. 4차 산업혁명에 따른 인공지능로봇, 각종 기기의 자동화, 그리고 3D 프린팅 기술 등 기계가 사람의 노동력을 대체함으로 인하여 실업이 우려되고 있다.

1. 자동화 지속

단순노동업무에 대하여는 이미 자동화가 상당히 진척되어 가고 있다. 국내에서는 이미 전철개찰구에서 승차요금의 자동 체크가 이루어진지 오래이고, 열차표 판매도 원하는 고객은 기계식 자동판매의 이용이 왕성하게 이루어지고 있다. 가전, 반도체, 자동차공장에서의 정밀 조립도 상당부분은 로봇에 의해 이루어지고 있다. 서울 및 외곽 일원의 일부 최신식 모텔에서는 모텔요금 수납업무가 기계식 자동판매로 이루어지는 곳이 생겨난 지도 오래이다. 앞으로 단순노동 종사자의 입지가 더욱 좁아질 전망이다.

1) 자동화에 따른 위험직업군

옥스퍼드대학 마틴스쿨(Oxford Martin School) 연구원인 경제학자 '카를 베네딕트 프레이'(Carl Benedikt Frey)와 기계학습 전문가인 '마이클 오스본'(Michael Osborne)은 자동화가 될 확률이 높은 702가지 직업에 수치를 매기고, 기술혁신이 실업에 미칠 영향력을 다음과 같이 고위험군과 저위험군으로 분류하였다.

(1) 고위험 직업군

가능성	직 업
0.99	텔레마케터
0.99	세무대리인
0.98	보험조정인
0.98	스포츠심판
0.98	법률비서
0.97	레스토랑, 커피숍 종업원
0.97	부동산업자(부동산중개업자)
0.97	외국인노동자 농장계약자(주의 승인을 받아 외국인 체류자들이 농장에서 일할 수 있도록 계약을 진행하는 사람)
0.96	비서직(법률, 의학, 경영임원의 비서직 제외)
0.94	배달직

(2) 저위험 직업군

가능성	직 업
0.0031	정신건강 및 약물남용치료 사회복지사
0.004	안무가
0.0042	내과 · 외과의사
0.0043	심리학자
0.0055	HR 매니저
0.0065	컴퓨터시스템 분석가
0.0077	인류학자, 고고학자

가능성	직 업
0.01	선박기관사, 조선기사
0.013	세일즈 매니저
0.015	전문경영인

* 클라우스 슈밥(송경진 역), 앞의 책, 70면 / 원 출처 : 카를 베네딕트 프레이·마이클 오스본, 옥스퍼드 대학교, 2013.

제2절 단순 자동화에서 지능화에 의한 자동화

1. 청소기

과거에도 기계식 자동청소기는 있었으나, 요즘에는 인공지능에 의한 자동청소기 시대가 도래하였다. 사람이 직접 잡지 않고도, 청소기 기계가 알아서 바닥을 청소하면서 돌아다니는 인공지능 탑재 자동청소기가 활약하고 있다.

2. 지능화에 의한 자동화 : 전기 · 전자에 의한 단순 자동화보다 더 우려

1) 인공지능에 의한 자동화

오늘날 자동화는 과거와는 차원을 달리하는 자동화로서, 인공지능에 의한 자동화인데 단순히 인간 작업을 대신하는 것만이 아니라, 판단도 대신하고 있다. 이미 일본의 일부 호텔에서는 안내대에 여직원 등이 사라지고, 지능형 로봇이 사람을 대신하는 호텔도 나타나고 있다. 그러면 인공지능이 무엇이길래, 이렇게 까지 근로자의 일자리를 위협하는 수준까지 도달하였는지에 대하여 살펴보기로 한다.

2) 제조업이 지능화 단계로 진입 중

인공지능 기술의 발전으로 비즈니스화 확대의 가능성이 점점 높아지고 있다. 최근에는 자연어 처리, 딥런닝(deep learning) 등을 활용하는 외부인지, 논리 · 추론 · 예측 등 다방면에서 기술이 발전하고 있다. 제조업 현장에서 인공지능에 의한 자동화가 이루어져 생산성의 급격한 상승이 예상되며, 이는 독일의 지멘스공장에서 첨단로봇, 인공지능화, 사물인터넷 등으로 인하여 그 생산성이 8배 정도 향상되는 등 그 성과가 확인된 바 있다.

* 자연어 처리 : 일상 언어를 컴퓨터가 처리하도록 변환시키는 기술. 컴퓨터를 이용하여 사람의 언어 이해, 생성 및 분석을 다루는 인공지능 기술.
* 딥러닝(deep learning) : 인공신경망(ANN : Artificial Neural Network)을 기반으로 하여 컴퓨터가 사물이나 데이터를 분류하거나 군집하는데 사용하는 기술.

3. 대체가능 직업군과 신규창출 직업군

1) 대체가능 직업군

매뉴얼에 의해 업무가 이루어지는 직업은 인공지능에 의해 작업이 가능할 수 있기 때문에 대체가능성이 높은 편이고, 전문직(의료, 법률, 기자) 조차도 부분적으로 대체가능하여 일자리 축소가 예상된다.

2) 대체불가능 직업군

예술적, 창의적, 감성적인 직업과 복잡한 작업, 인간의 직접 노동이 요구되어 대체하기가 곤란한 직업들은 인공지능의 파고에도 존치될 것으로 예상된다.

제3절 직종 간 양극화에서 직능 간 양극화

1. 직종 간 양극화에서 직능 간 양극화로 변화

직종 간 양극화는 고임금 업종과 저임금 업종의 구분이다. 대체로 국내에서 고임금 업종은 전기전자, 금융업, 정유업, 전문의사, 변호사 등을 들 수 있었고, 과거에는 직종 간에 고임금, 저임금 구별이 뚜렷했으나, 요즈음에는 고임금 업종에서도 고임금을 달성하지 못하는 경우가 생기고 있고(일부 의사, 일부 변호사, 일부 금융업체 소속 성과급 직원 등), 더 특이한 현상은 전통적으로 고임금 업종이 아닌 직종에서도 고임금 노동자가 생기는 현상이 발생하고 있다. 4차 산업혁명의 전개로 인공지능이 가미된 복잡한 기계의 작동에는 상당한 기능이 요구되며, 더욱이 전문지식까지 필요할 경우 더욱 그러한 현상이 요구된다. 예컨대, 최근년 안전과 복지가 강조되고 정부정책에서 안전부문과 복지부문의 수요가 증가하고 있다. 안전과 복지 쪽 종사자 간 특이한 점에 주목해보자. 대표적인 것이 소방직종과 사회복지 직종이다. 두 분야 모두 수요가 크게 증가하고 있다. 하지만 사회복지사의 급여 수준과 달리, 소방 부문 중 소방설비기사의 경우에는 상당한 고임금 층이 형성되어가고 있다. 일반소방직과 달리 전문소방직인 소방설비기사의 경우 첨단화된 설비를 잘 다룰 수 있어야 하는데, 요즈음 소방설비는 인공지능까지 가미되고 상당한 조작기술과 노하우가 필요한 등 고직능을 필요로 하고 있는 것이다. 이는 소방설비 분야에서, 4차 산업혁명의 여파로 즉 컴퓨터 기술과 인공지능이 가미되어 상당한 기량과 실력이 요구되는 소방설비기사들을 더 이상 과거의 대우로는 구하기 어렵기 때문이다. 한 마디로 소방설비기사는 직종상 소방직이지만, 상당한 고직능을 요구하고 있기 때문에 고임금 노동자로 대우받기 시작하고 있다고 볼 수 있다.

제4절 다과목 전공시대

1. 대학생들, 전공에만 의지하는 시대는 지났다
– 스페셜리스트에서 제너럴한 멀티 스페셜리스트를 요구하는 시대

1980년대 초 우리사회에서는 의학과, 치의학과, 한의학과, 약학과, 경영학과·경제학과 등 상경계열, 법학과, 전기전자관련 학과, 그리고 건축학과 등의 인기가 높았다. 특이한 것은 당시 인문계열 학과 중 영문과와 이과 중 전산학과도 인기가 좋았던 점인데, 어느 정도인가 하면 전산학과 출신이면 워낙 수요가 많아 공무원 뿐 아니라 공기업, 특히 인기 높은 금융 공기업에서도 특채가 많았고, 영문과 출신들도 자본시장 개방에 따른 국제화 및 각 경제주체들의 국제교류 확대에 따라 특채가 많았다. 오늘날은 어떠한가? 이제 영어능력과 전산능력은 보편화 되어서, 영문과 출신이나 전산학과 출신이라 하여 과거처럼 특별히 대우받는 시대는 지나가 버렸다. 대학생들에게 영어와 컴퓨터는 전공과 무관하게 필수가 되어버린 것이다.

이제는 의학과, 약학과, 간호학과, 로스쿨, 교육대학, 사범대학 등과 같이 전공학과 졸업생 이외에는 외부에서의 진입이 어려운 부문 이외에는, 전공학과에서 실력을 연마해도 미래가 불투명한 상황이 되었다. 법과 제도적으로 보호장벽이 높은 학과들 이외에는 신규 외부진입도 점점 용이해지고, 경쟁이 더욱 치열해져서 전공한 것만으로는 어렵게 되었다. 4년제 대학 혹은 4년제 편입이 아니어도 학점은행제, 평생교육원 제도 등을 통하여 적잖은 과목들을 학습할 수 있게 되었다. 특히 인문사회계 쪽에 그러한 경향이 더 심하다. 블라인드 채용론도 현실화되면서, 상위권 대학 출신들에 대한 선입견과 특혜도 과거보다는 감소되고 있다. 복수전공은 일반화된 지 오래인데, 최근에는 3과목 복수전공도 등장하고 있다. 다과목 전공이 그렇게 용이하지도 않지만, 다과목 전공을 해도 문제는 쉽게 해결되기 어려운 상황이 되어가고 있다. 다양한 자격증의 취득이 하나의 돌파구가 될 수 있다. 그리하여 시중에 국가공인 자격증 뿐 아니라, 기타 각종 민간자격증들도 난무하고 있다.

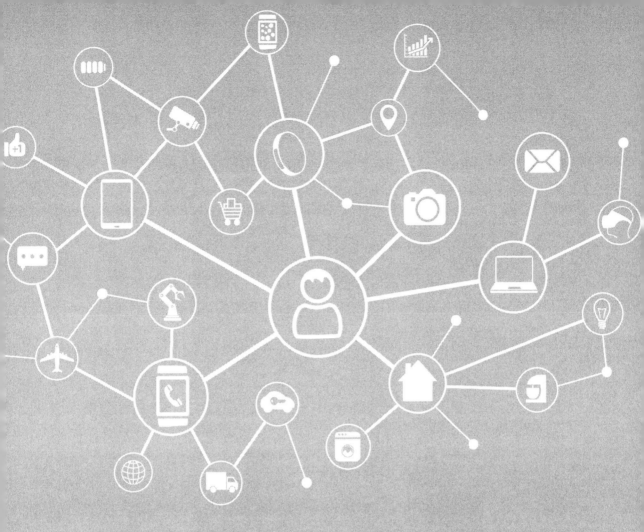

09
CHAPTER

4차 산업혁명 관련 정부정책

INDUSTRIE
4.0

4차 산업혁명 관련 정부정책

제1절 4차 산업혁명위원회

　정부는 4차 산업혁명의 진행에 대한 원활한 지원을 위하여, 대통령 자문위원회로서 "4차 산업혁명위원회의 설치 및 운영에 관한 규정(대통령령 제28250호, 2017.8.22., 제정·시행)"을 입법하고, 동 규정에 의거 '4차 산업혁명위원회'를 설치하였다.

1. 목 적

　4차 산업혁명의 총체적 변화 과정을 국가적인 방향 전환의 계기로 삼아, 경제성장과 사회 문제 해결을 함께 추구하는 포용적 성장으로 일자리를 창출하고 국가 경쟁력을 확보하며, 국민의 삶의 질을 향상시키기 위하여 4차 산업혁명위원회를 설치(이하 '위원회'라 한다)하고, 그 구성 및 운영에 필요한 사항을 규정함을 목적으로 한다.

2. 설치 및 기능

(1) 대통령 소속으로 설치
초연결·초지능 기반의 4차 산업혁명 도래에 따른 과학기술·인공지능 및 데이터 기술 등의 기반을 확보하고, 신산업·신서비스 육성 및 사회변화 대응에 필요한 주요 정책 등에 관한 사항을 효율적으로 심의·조정하기 위하여 대통령 소속으로 설치한다.

(2) 심의, 조정사항
① 4차 산업혁명에 대한 종합적인 국가전략 수립에 관한 사항
② 4차 산업혁명 관련 각 부처별 실행계획과 주요 정책의 추진성과 점검 및 정책 조율에 관한 사항
③ 4차 산업혁명 촉진의 근간이 되는 과학기술 발전 지원, 인공지능·정보통신기술 등 핵심기술 확보 및 벤처 등 기술혁신형 연구개발 성과창출 강화에 관한 사항
④ 4차 산업혁명 선도 기반으로서 데이터 및 네트워크 인프라 구축에 관한 사항
⑤ 혁신적인 기술을 활용한 지능형 공공서비스의 발굴 및 공공 스마트 인프라 구축에 관한 사항
⑥ 전(全) 산업의 지능화 추진을 통한 신산업·신서비스 육성에 관한 사항
⑦ 4차 산업혁명에 대응한 법·제도 개선 및 역기능 대응에 관한 사항
⑧ 신산업·신서비스의 진입을 제약하는 규제의 발굴·개선 및 창업 생태계 조성에 관한 사항
⑨ 4차 산업혁명에 대응한 고용·복지 등 사회혁신 및 사회적 합의 도출에 관한 사항
⑩ 4차 산업혁명 사회변화에 필요한 인재가 성장하기 위한 교육혁신에 관한 사항
⑪ 4차 산업혁명 관련 국제협력 및 지역혁신에 관한 사항
⑫ 4차 산업혁명 교육·홍보 등 대국민 인식 제고 및 국민공감대 형성에 관한 사항
⑬ 4차 산업혁명 정책 추진에 필요한 재원 및 인력 확보 방안에 관한 사항
⑭ 그 밖에 위원회의 위원장이 필요하다고 인정하여 위원회의 회의에 부치는 사항

3. 위원회의 구성

(1) 구성

위원회는 위원장 1명을 포함하여 30명 이내의 위원으로 성별을 고려하여 구성한다.

(2) 위원장

4차 산업혁명 관련 기술·경제·사회 등의 분야에 전문적 지식이나 경험이 풍부한 사람으로서 대통령이 위촉하는 사람이 된다.

(3) 위원

① 과학기술정보통신부장관, 산업통상자원부장관, 고용노동부장관, 국토교통부장관 및 중소벤처기업부장관
② 대통령비서실의 과학기술에 관한 업무를 담당하는 보좌관
③ 4차 산업혁명 관련 기술·경제·사회 등의 분야에 전문적 지식이나 경험이 풍부한 사람으로서 대통령이 위촉하는 사람

(4) 간사위원

위원회의 업무를 지원하기 위하여 위원회에 간사위원 1명을 두며, 간사위원은 위원이 된다.

(5) 위원의 임기

임기는 1년으로 한다. 다만, 위원의 사임 등으로 새로 위촉된 위원의 임기는 전임(前任)위원 임기의 남은 기간으로 한다.

4. 회 의

위원장은 위원회의 회의를 소집하고, 그 의장이 된다. 위원회의 회의는 재적위원 과반수의 출석으로 개의(開議)하고, 출석위원 과반수의 찬성으로 의결한다. 위원회의 위원이 아닌 중앙행정기관의 장은 회의에 상정되는 안건과 관련하여 필요하다고 인정하는 때에는 회의에 출석하여 발언할 수 있다. 위원장은 상정된 안건의 협의를 위하여 필요한 경우에는 안건과 관련된 관계 행정기관·공공단체나 그 밖의 기관·단체의 장 또는 민간전문가를 회의에

참석하게 하여 의견을 들을 수 있다.

5. 혁신위원회, 특별위원회, 자문단 등

위원회는 위원회의 업무를 전문적으로 수행하기 위하여 필요한 경우 분야별 혁신위원회를 둘 수 있다. 위원회는 4차 산업혁명과 관련한 특정 현안을 논의하기 위하여 필요한 경우 특별위원회를 둘 수 있다. 위원회는 4차 산업혁명에 관한 사항을 전문적으로 검토하기 위하여 관계 전문가로 구성된 자문단을 설치·운영할 수 있다.

6. 지원단

위원회의 운영을 지원하고, 업무를 수행하기 위하여 위원회에 4차산업혁명위원회지원단 (이하 "지원단"이라 한다)을 둔다. 지원단에 단장 1명을 두며, 단장은 본 규정 제10조 제1항에 따라 관계 중앙행정기관에서 파견된 고위공무원단에 속하는 일반직공무원이나 4차 산업혁명에 관한 학식과 경험이 풍부한 민간전문가 중에서 위원장이 지명한다. 이 경우 단장으로 지명된 민간전문가는 임기제 공무원으로 임명할 수 있다. 지원단의 단장은 위원장의 지휘를 받아 지원단의 사무를 총괄하며 소속 직원을 지휘·감독한다.

7. 공무원 등의 파견 요청 등

위원회는 위원회의 운영 또는 지원단의 업무수행을 위하여 필요한 경우에는 중앙행정기관 및 지방자치단체 소속 공무원과 공공기관 및 관계 기관·단체·연구소 임직원 등의 파견 또는 겸임을 요청할 수 있다. 위원회는 위원회의 운영 또는 지원단의 업무수행을 위하여 필요한 경우에는 예산의 범위에서 관련 분야 전문가를 임기제 공무원으로 둘 수 있다.

8. 협조 요청, 공청회 등

위원회는 업무를 수행하기 위하여 필요한 경우에는 관계 전문가 또는 관계 행정기관, 기관·법인·단체 등에 자료 제출 또는 의견 제시 등의 협조를 요청하거나, 조사나 연구를 의

뢰할 수 있다. 위원회는 업무를 수행하기 위하여 필요한 경우에는 설문조사, 공청회 및 세미나 개최 등을 통하여 여론을 수렴할 수 있다.

9. 존속기한

위원회는 이 영 시행일부터 5년간 존속한다.

10. 운영세칙

이 영에서 규정한 사항 외에 위원회 · 혁신위원회 · 특별위원회 · 자문단 및 지원단의 구성 및 운영에 필요한 사항은 위원회의 의결을 거쳐 위원장이 정한다.

제2절 정부의 관련 정책

1. 2017 과학기술정보통신부(종전 미래창조과학부)의 업무 계획

1) 스타트업 생태계 공고화로 창조경제 성과 확산
(1) 글로벌 창업 · 혁신의 중심지로 '판교 창조경제밸리' 구축
(2) 창조경제혁신센터 민간참여 확대 및 자립기반 마련

2) 현장중심 정책추진으로 과학기술 · ICT 역량 강화
(1) '자유공모형 기초연구' 확대(8,779억 원, 1,152억 원 증액), '생애 첫 연구비'(1,000과제, 총 300억 원) 신설
(2) 정부 R&D 혁신과제 현장 착근 촉진 및 연구자 중심의 'R&D 기획' 강화
(3) SW 중심대학(14개 ⇒ 20개), SW 스타랩 확대(10개 ⇒ 17개)

3) 융합과 혁신으로 신산업 · 신서비스 창출

(1) 신약(신규 340억 원), 의료기기(신규 240억 원) 투자 확대, BT-IT 융합을 통해 바이오 경제 견인

(2) 민간투자로 IoT 전용망 확충, 교육 · 금융 민간 클라우드 이용 시범사업(5월), 빅데이터 플래그십 사업 추진 등 ICT 신산업 창출

4) 지능정보화로 4차 산업혁명 선제적 대응

(1) 기본적인 국가 서비스(국방, 안전, 교육 등)에 지능정보기술 활용, 산업영역별(제조업 · 의료 · 교통 · 스마트홈 등) 지능형 융합서비스 확산

(2) 지능정보기술이 가져 올 사회변화(고용, 교육, 복지 등) 대책 수립

(3) 범국가적 지능정보사회 추진체계 마련

2. 대내외 여건

세계 경제의 회복세가 여전히 미약한 가운데, 우리나라의 경제성장을 견인해 온 화학 · 전기전자 등 주력 산업의 글로벌 경쟁력 약화, 생산 가능인구 감소로 잠재성장률 역시 지속적으로 하락하고 있는 상황이다.

1) 국외

세계 각국은 새로운 성장동력 창출과 4차 산업혁명의 주도권 선점을 위해 '혁신'과 '창업'에 집중하고 있다.

* 혁신 : 미국, EU, 일본은 혁신에 방점을 둔 STI 전략 추진('과학기술' ⇒ '혁신' ⇒ '경제사회발전')
* 창업 : 전 세계적으로 벤처 투자규모 급증, 벤처 투자시장 대형화 · 글로벌화

2) 국내

우리나라도 지난 4년간의 성과를 바탕으로, '4차 산업혁명' 시대에 새로운 성장동력을 확충하고, 경제 재도약과 미래 시장을 선점하기 위해 중점적으로 추진해온 정책의 성공적 마무리와 끊임없는 과학기술 · ICT 혁신이 필요한 시점이다.

(1) 목표

과학기술정보통신부는 이와 같은 도전적 정책 여건에서, '과학기술·ICT 혁신으로 지능정보사회' 선도를 목표로,

① 스타트업 생태계 공고화로 창조경제 성과 확산

② 현장중심 정책추진으로 과학기술·ICT 역량 강화

③ 융합과 혁신으로 신산업·신서비스 창출

④ 지능정보기술로 4차 산업혁명 선제적 대응 등 4대 전략 16대 중점 과제를 도출하였다.

(2) 4대 전략

① 【전략 1】 스타트업 생태계 공고화로 성과 확산

　㉠ 지역 혁신주체와 기업들의 창조경제혁신센터 참여를 확대하고, 자체 수익모델을 확산하여 혁신센터 발전 및 자립 기반을 구축한다.
　　또한, 지역의 수요를 반영한 '맞춤형 특화사업'(72.8억 원)을 신설하고 지역 대학·출연(연) 보유기술의 이전을 촉진해 지역 내 미래성장동력을 견인한다.

　㉡ 전략적 투자자를 육성하는 등 투자방식을 다변화하고 유망·벤처기업을 밀착 지원하여 벤처·창업기업의 성장을 지원한다.
　　또한, 신기술 비즈니스모델 개발이 가능한 '청년혁신가'를 양성(450명)하고 '일감네트워크' 활성화 등을 통해 혁신적인 일자리를 창출한다.

　㉢ '미래기술 1·2·3호 펀드'(총 1,500억 원)의 본격 운용, 공공기술을 시장에 전달하는 바톤존서비스 추진 및 연구개발업 집적단지 조성 등을 통해 공공기술 기반 사업화를 촉진한다.

　㉣ IoT·정보보호·고성능컴퓨팅 등 신기술 테스트베드를 집적하고 '해외 투자자 지원센터' 운영 등 해외 접점을 확대하여 '판교 창조경제 밸리'를 글로벌 창업·혁신의 중심지로 육성한다.

② 【전략 2】 현장중심 정책추진으로 과학기술·ICT 역량 강화

　㉠ 정책목적별로 정부 R&D 포트폴리오를 마련하여 R&D 투자의 효율성과 전략성을 제고하고, 자유공모형 기초연구 투자 확대(전년 대비 1,152억 원 증액된 8,779억

원), 민간기업 등의 기초연구 투자 유도, ICT 기초연구 확대 등을 통해 기초연구의 저변을 확대할 계획이다.

ⓒ 정부 R&D 혁신과제의 현장 착근을 촉진하고, 연구자 주도의 상향식 또는 혼합형 (Top-down+Bottom-up) 과제 비중을 확대하는 한편, 제재처분 시 연구자의 권리 구제 및 고충상담을 위한 '(가칭)제재심의위원회'를 설치하는 등 연구자 중심의 'R&D 혁신'을 추진한다.

ⓒ '생애 첫 연구비(1,000과제, 총 300억 원)'를 신설하여, 신진연구자의 연구 수혜율을 제고(현재 60% ⇒ 약 80%)하고, 기업현장 문제 해결을 위한 '이공학 연구팀'(400개, 50억 원)을 신설하는 등 현장 맞춤형 공학인재를 양성하며, SW 중심대학 · SW 스타랩의 확대(SW 중심대학 : 2016년 14개 ⇒ 2017년 20개, SW 스타랩 : 2016년 10개 ⇒ 2017년 17개), 초 · 중등학교 'SW 영재학급'의 운영(950명) 등을 통해 SW 인재를 육성한다.

③ 【전략 3】 융합과 혁신으로 신산업 · 신서비스 창출

ⓐ 스마트카, 고기능무인기 등 미래성장동력 10대 핵심분야(2016년 3월 19대 미래성장동력 분야 중 산업화 속도가 높은 10대 핵심분야 선정)의 상용화를 집중 추진하고
- 신약, 신개념 의료기기 분야에 대한 투자 확대(2017년 1,271억 원, 신규 580억 원) 및 BT-IT 융합 등 미래 의료 선도를 통해 바이오 경제를 견인한다.
- 또한, 기후 변화 대응을 신산업 창출 기회로 활용하기 위해 '기후 산업 육성모델'을 확대하고 탄소 자원화 기술개발 · 실증도 추진한다.

ⓑ 민간투자로 IoT 전용망 확충, 교육 · 금융 · 의료 분야 민간 클라우드 이용 시범사업(2017년 5월), 빅데이터 플래그십 사업(예컨대, 교통사고 예보, 스마트 공기질 정보 제공, 개인별 만성질환 알림, 미래범죄 예측 등), O2O 규제개선 및 정보보호 클러스터 조성(8월) 등을 통해 ICT 기반 시장 창출을 추진한다.

ⓒ 세계 최초 지상파 UHD 본방송(수도권)을 개시하고, 평창올림픽 5G 시범서비스 및 2020년 세계 최초 상용화를 추진한다.
- SW 기업의 육성을 위해 유망 SW 기업의 R&D · 해외진출 등을 종합 지원(2017년 401억 원)하고, VR 규제 개선 및 디지털콘텐츠펀드 투자규모도 확대(2016년 960억 원 ⇒ 2017년 1,100억 원)한다.

- 한편, 케이블 TV 재허가를 간소화하는 등 유료방송 규제를 완화하고, 보편적 서비스를 초고속 인터넷까지 확대하는 방안도 마련한다.
  ㉣ 끝으로, 한국형 시험발사체 체계 모델 제작·시험, NASA와의 달탐사 협력 등 도전적 우주개발을 가속화하고,
    - 미래원자력 시스템의 개발, 중소형 원전(SMART) 수출확대 등을 추진한다.

④ 【전략 4】 지능정보화로 4차 산업혁명 선제적 대응
  ㉠ 뇌과학, 계산과학, 산업수학 등 기초기술 개발과 함께 인공지능 요소 기술(언어·시각지능)·차세대 선도기술(추론·튜링테스트)을 본격 개발한다.
    - 민간의 지능정보 응용서비스 개발 활성화를 위해 법률·특허 분야의 기계학습용 데이터베이스 구축을 지원하고 데이터진흥원 내 데이터 스토어를 개방형 플랫폼으로 전환한다.
  ㉡ 국방(병영관리), 안전(범죄 선제대응), 교육(학습자 맞춤형 학습 지원) 등 기본적인 국가 서비스의 지능정보기술 활용을 지원하고, 제조업·의료·교통·스마트홈 등 산업영역별 지능형 융합서비스를 확산한다.
    i) 제조업 : 제조업의 서비스화, ii) 헬스케어 : 고령화 대응, iii) 교통 : 스마트 자동차 서비스 실증, iv) 스마트홈 : 홈 IoT 제품 및 서비스 간 연동성 확대
  ㉢ 또한, 지능정보화 방향 제시를 위해 '지능정보화기본법' 마련을 추진하고, 지능정보가 가져올 사회(고용·교육·복지 등) 구조변화에 선제적으로 대응하기 위한 정책을 수립한다.
  ㉣ 정보통신전략위원회를 '지능정보사회전략위원회'로 확대 개편하고 입법·사법·행정부가 참여하는 포럼 구성을 추진(6월)하는 등 범국가적 지능정보사회 추진 체계를 마련한다.

3. 2017 금융위원회 업무계획 : 핀테크 등

1) 핀테크 활성화 등 금융업의 혁신적 도약

(1) 금융과 IT 융합(fin-tech)을 통한 새로운 혁신서비스 창출을 위해 규제 개선, 생태계 조성, 인프라 구축 등 다각도로 노력

① 공인인증서 사용의무 폐지, 전자금융업 등록요건 완화 등 규제 개선

② 핀테크지원센터의 핀테크사 지원, 금융회사 제휴알선 등 생태계 조성

③ 핀테크 오픈플랫폼 구축(2016년 8월), 신용정보원(2016년 1월) 등 인프라 구축

④ 핀테크 기반 간편결제(36종), 간편송금(12종) 등 새로운 서비스 출시 활성화

(2) 인터넷전문은행(24년만의 은행 인가), 계좌이동서비스, 보험상품·가격 자율화 등을 통해 금융산업 내 건전한 경쟁의 촉진

① 계좌이동서비스 출시 : 14개월 간 약 1,020만 명 이용 돌파

② 계좌통합관리서비스 출시 : 3주 만에 238만 계좌를 온라인으로 해지

③ 비대면 실명확인 : 22년 만에 허용 후, 12개월간 62만 계좌 비대면 개설(2016년 11월 말 현재)

④ ISA(Individual Savings Account) 출시 : 7개월 만에 총가입금액이 3조 원 돌파(240만 계좌)

⑤ 보험상품 자율화 : 22년 만에 상품·자산운용 규제를 전면 개편

⑥ 보험다모아 : 약 16% 저렴한 온라인 자동차 보험상품 출시(2016년 12월, 9개사)

2) 핀테크 지원센터의 '핀테크 데모데이' 개최

핀테크 지원센터는 2017.8.30. 여의도 한국거래소 국제회의장에서 '제19차 핀테크 데모데이'를 개최하였는데, 금융결제원(은행권)과 코스콤(금융투자업권)에서 각각 업권별 오픈플랫폼 운영경과와 향후계획을 발표하였고, 5개 유망 핀테크기업에서 동 오픈플랫폼을 활용한 핀테크 서비스 소개 및 기술을 시연하였다.

(1) 주요 내용

① 금융권 공동 핀테크 오픈플랫폼 운영 경과(요약)

ㄱ 2015년 7월, 금융회사와 핀테크 기업 간 서비스 개발 과정에서의 협력 채널로서 '금융권 공동 핀테크 오픈플랫폼' 구축계획 발표

- 핀테크 오픈플랫폼이란, 금융회사 내부서비스(조회, 이체 등)를 표준화 된 형태로 만들어 핀테크 기업에 공개하는 오픈API 와,

*API(Application Programming Interface) : 특별한 프로그래밍 기술 없이도 원하는 프로그램이
나 모바일 앱을 쉽게 만들 수 있도록 구성된 소스
코드 모음으로서, 핀테크 기업 등 제3자에게 공개되
는 API 를 오픈 API 라고 한다.

- 핀테크 기업이 개발한 서비스가 금융전산망에서 정상적으로 작동하는지 시험해
볼 수 있는 테스트베드를 더한 개념이다.

ⓒ 2016년 8월 '금융권 공동 핀테크 오픈플랫폼' 구축

- 2017년 8월 말 은행권은 7개, 금융투자업권은 3개 서비스 상용화
- 2017년 말까지 10개 이상의 서비스가 추가로 출시

ⓒ 업권별 API 제공 범위 및 이용 현황

- 은행 API(금융결제원 제공) : 업무활용도가 높고, 은행권의 공통 기능으로서 신속
한 개발 및 구현이 가능한 5개 API(잔액조회, 거래내역조회, 출금이체, 입금이체,
계좌 실명조회) 제공(참여 은행 : 16개, 참여 핀테크 기업 : 90개, 상용 서비스 : 7
개)

- 금융투자 API(코스콤 제공) : 증권사가 제공하는 계좌조회 API 와, 코스콤 및 핀테
크 업체가 공동 개발한 API 등 총 74개 API[계좌조회(4), 주문(5), 시세(31), 분석
정보 (27), 기타(7)] 제공(참여 금융투자사 : 14개, 참여 핀테크 기업 : 35개)

② 유망 핀테크 기업 기술 시연

㉠ 금융권 공동 핀테크 오픈플랫폼을 활용하여 핀테크 서비스를 출시했거나, 출시를
앞두고 있는 5개 핀테크 기업이 개발한 기술과 서비스를 소개

- 시연에 참여한 핀테크 기업, 금융회사, 투자자 간 사업제휴·투자유치 기회를 모
색하고, 향후 협력을 위한 소통의 장으로 활용

- 핀테크 기업뿐만 아니라 개발자·사업자도 이용할 수 있어 플랫폼 중심의 새로운
생태계 형성이 기대된다.

- 한편, 2017년 10월 중 1단계 금융규제 테스트베드 방안을 시행하여 보다 다양하
고 혁신적인 서비스가 나올 수 있을 것이며,

〈1단계 금융규제 테스트베드 방안〉

i) 규제조치를 하지 않는 '비조치의견서'

ii) 금융회사가 핀테크 기업에 위탁하는 '파일럿 테스트'

iii) 핀테크 시범사업을 규제 영향 밖에서 할 수 있는 '지정대리인' 제도

ⓒ 정부는 앞으로도 추가적인 제도개선을 통해 핀테크산업을 지원할 계획이다.

3) 금융결제원의 「은행권 공동 핀테크 오픈플랫폼」

금융결제원과 국내 16개 은행이 공동으로 구축한 「은행권 공동 핀테크 오픈플랫폼」(이하 '오픈플랫폼'이라 한다)이 2017.8.30. 개통 1주년을 맞았다.

오픈플랫폼의 개요

은행이 제공하는 계좌 입·출금 등의 금융서비스를 핀테크기업이 자사 앱이나 웹에 쉽게 탑재하여 고객들에게 서비스 할 수 있도록 은행권이 공동으로 제공하는 표준화 된 API(Application Programming Interface; 잔액·거래내역조회, 출금이체, 입금이체, 계좌실명조회) 형태의 플랫폼으로서, 핀테크기업은 오픈플랫폼 접속만으로 16개 은행과 연결되는 효과를 갖는다.

---

(1) 오픈플랫폼을 활용한 첫 번째 핀테크서비스가 출시(2017.3.23.)된 이후 5개월간 총 7개의 핀테크기업이 서비스를 제공 중에 있으며, 이용건수는 12만 건을 넘어 점차 증가하고 있는 추세이다.

(2) 2017년 중 20개 내외의 기업이 서비스를 출시할 것으로 예상되며, 2017년 3월부터 누구나 이용할 수 있도록 개방한 테스트베드(개발자사이트)에 가입한 개발자 수도 800명을 넘어 향후 지속적인 이용 확대가 예상된다.

현재 90개의 핀테크기업들이 오픈플랫폼을 이용하기 위해 신청 절차를 거쳐 서비스를 준비 중에 있다.

(3) 금융결제원은 지난 1년간의 운영 경험과 핀테크업계의 다양한 의견을 바탕으로 서비스의 질적 개선을 위해 노력하고, 핀테크기업들의 창의적인 아이디어가 대고객서비스로 원활하게 구현될 수 있도록 적극적으로 지원해 나갈 계획이다.

(4) 핀테크지원센터는 2017.8.30. 제19차 핀테크 데모데이에서 '오픈플랫폼 운영성과 및 오픈플랫폼을 활용한 서비스 사례'를 주제로 행사를 진행하였다.

□ 핀테크기업 및 오픈플랫폼 활용 사례

기업명	오픈플랫폼 활용
뱅크웨어글로벌 **mofin**	■ 동호회 등 각종 모임의 회비 관리(2017.3.23. 출시) 　회원 간에 회비 입출금 내역을 간편하게 확인(잔액 · 거래내역조회API)
센트비 **SENTBE**	■ 비대면 본인 확인(2017.4.24. 출시) 　고객 확인을 위하여 고객 계좌에 1원을 입금(입금이체API)한 후, 계좌 인지 내역 　확인 및 계좌 유효성 검증(계좌실명조회API)
바로SVC Just Connect **BARO**	■ 계좌 유효성 검증(2017.6.2. 출시) 　고객의 포인트 환전 시 계좌 유효성 검증(계좌실명조회API)
티소프트 **TSOFT**	■ 비대면 본인 확인(2017.6.20. 출시) 　고객 확인을 위하여 고객 계좌에 1원을 입금(입금이체API) 한 후 계좌 인지 내역 　확인 및 계좌 유효성 검증(계좌실명조회API)
이바이컴퍼니 **EBUY**	■ 비대면 본인 확인 및 마일리지 환전(2017.7.11. 출시) 　고객 회원가입 시 계좌 유효성 검증(계좌실명조회API) 및 적립 마일리지 환전 시 　입금이체(입금이체API)
인스타페이 **InstaPay**	■ QR코드를 활용한 모바일 납부(2017.7.17. 출시) 　고객 계좌에서 결제대금을 출금하여, 인스타페이 계좌로 집금(출금이체API)
와이크라우드펀딩 **CROWDY**	■ 모임을 위한 미니 크라우드펀딩(2017.8.8. 출시) 　펀딩참여 고객 계좌에서 펀딩금액을 출금하여 펀딩주관자 계좌로 이체(출금이 　체 · 입금이체API)
큐딜리온 [O+] 나눔행복 중고나라	■ 중고물품 거래의 안전결제(2017 하반기 출시) 　구매자 계좌에서 중고물품 대금을 출금하여 판매자 계좌로 안전하게 결제(출금이 　체 · 입금이체API)

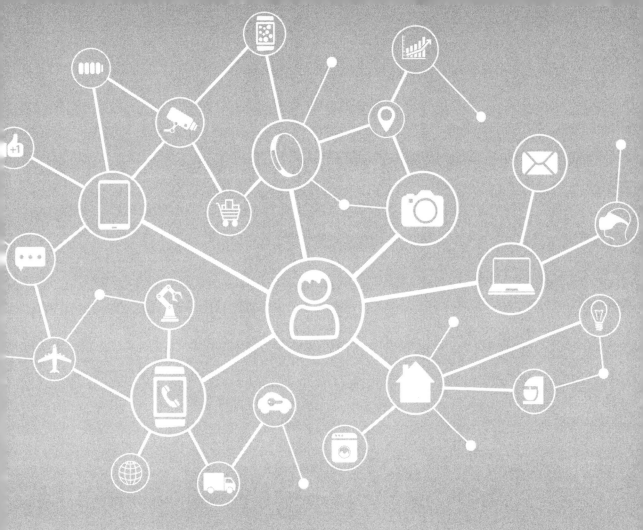

10
CHAPTER

4차 산업혁명 관련 법규

INDUSTRIE
4.0

CHAPTER 10 4차 산업혁명 관련 법규

제1절 정보통신 진흥 및 융합 활성화 등에 관한 특별법(정보통신융합법)

1. 목 적

정보통신을 진흥하고 정보통신을 기반으로 한 융합의 활성화를 위한 정책 추진 체계, 규제 합리화와 인력 양성, 벤처육성 및 연구개발 지원 등을 규정함으로써 정보통신의 국제경쟁력을 제고하고 국민경제의 지속적인 발전을 도모하여 국민의 삶의 질 향상에 이바지함을 목적으로 한다.

2. 주요 용어

(1) 정보통신

「전기통신사업법」 제2조제2호에 따른 전기통신설비 또는 컴퓨터 등을 이용하거나 활용한 정보의 수집 · 가공 · 저장 · 처리 · 검색 · 송신 · 수신 및 서비스 제공 등과 관련되는 기기 ·

기술·서비스 및 산업 등 일련의 활동과 수단을 말하며, 다음 각 목의 것을 포함한다.
  ① 「정보통신망 이용촉진 및 정보보호 등에 관한 법률」 제2조제2호에 따른 정보통신서비스
  ② 「방송통신발전 기본법」 제2조제5호에 따른 방송통신서비스
  ③ 「정보통신산업 진흥법」 제2조제2호에 따른 정보통신산업
  ④ 「문화산업진흥 기본법」 제2조제5호에 따른 디지털콘텐츠의 제작·유통 등과 관련된
     기술·서비스 및 산업

(2) 정보통신융합

정보통신 간 또는 정보통신과 다른 산업 간에 기술 또는 서비스의 결합 또는 복합을 통하여 새로운 사회적·시장적 가치를 창출하는 창의적이고 혁신적인 활동 및 현상을 말한다.

(3) 사업화

정보통신 관련 연구 또는 기술을 활용하여 개발·제조·제작된 기술, 제품 및 서비스를 영리를 목적으로 판매·유통·제공하는 등 경영활동으로 연결시키거나 경영활동을 하는 단체 또는 조직을 형성하는 일련의 과정을 말한다.

(4) 소프트웨어

「소프트웨어산업 진흥법」 제2조제1호에 따른 소프트웨어를 말한다.

(5) 디지털콘텐츠

「문화산업진흥 기본법」 제2조제5호에 따른 디지털콘텐츠를 말한다.

(6) 디지털콘텐츠사업자

영리를 목적으로 디지털콘텐츠의 제작·복제·전송·유통 등의 경제활동을 영위하는 자를 말한다.

(7) 정보통신장비

정보통신 관련 장치·기계·기구(器具)·부품·선로(線路) 및 그 밖의 필요한 설비를 말한다.

3. 기본원칙

(1) 국가와 지방자치단체는 개방적이고 합리적인 정보통신 이용환경의 조성과 정보통신 생태계의 건전하고 지속가능한 발전을 위하여 노력하여야 한다.

(2) 국가와 지방자치단체는 민간부문의 창의정신을 존중하고 시장중심의 의사 형성이 가능하도록 노력하여야 한다.

(3) 국가와 지방자치단체는 정보통신 관련 대기업과 중소기업 및 벤처 간의 상생협력과 조화로운 발전을 위하여 노력하여야 한다.

(4) 국가와 지방자치단체는 정보통신의 해외진출을 적극 지원하고, 법령을 제정 · 개정하거나 정책을 수립함에 있어 국내외 사업자 간 차별적인 취급이 발생하지 아니하도록 하여야 한다.

(5) 국가와 지방자치단체는 정보통신 및 정보통신융합(이하 "정보통신융합 등"이라 한다) 기술 · 서비스 등의 진흥 및 활성화에 걸림돌이 되는 규제를 최소화하도록 노력하여야 한다.

(6) 국가와 지방자치단체는 정보통신의 특성이나 기술 또는 이용자의 서비스 이용행태 등을 종합적으로 고려하여 동일한 서비스로 볼 수 있는 경우에는 동일한 규제가 적용되도록 노력하여야 한다.

(7) 국가와 지방자치단체는 관계 법령을 위반하지 아니하는 한 신규 정보통신융합 등 기술 · 서비스를 원칙적으로 허용하고 이의 활성화를 위하여 적극적으로 노력하여야 한다.

4. 다른 법률과의 관계

정보통신 기술 · 서비스 등의 진흥 및 융합 활성화와 관련하여서는 이 법이 다른 법률에 우선하여 적용된다.

5. 기본계획의 수립

(1) 과학기술정보통신부장관은 정보통신 진흥 및 융합 활성화를 위하여 3년 단위의 기본계획(이하 "기본계획"이라 한다)을 3년마다 수립하여 시행하되, 필요한 경우 수립주기를 단축하거나 기본계획을 변경할 수 있다.

(2) 기본계획(기본계획의 변경을 포함한다)에는 다음 각 호의 사항이 포함되어야 한다.

① 정보통신 진흥 및 융합 활성화 정책의 방향 및 목표

② 정보통신 진흥 및 융합 활성화를 위한 전문인력 양성과 시설투자 확대 등 인적·물적 기반조성에 관한 사항

③ 정보통신융합 등 지식재산권의 보호에 관한 사항

④ 정보통신 진흥 및 융합 활성화를 위한 연구개발 지원 및 연구성과의 확산과 사업화 추진에 관한 사항

⑤ 정보통신 진흥 및 융합 활성화를 위한 관련 법·제도 개선에 관한 사항

⑥ 정보보호와 정보보안에 관한 사항

⑦ 정보통신 진흥 및 융합 활성화에 관한 국제협력과 해외진출 지원에 관한 사항

⑧ 관계 중앙행정기관 간 정책 및 업무 협력에 관한 사항

⑨ 그 밖에 정보통신 진흥 및 융합 활성화를 위하여 필요한 사항

(3) 기본계획은 정보통신 전략위원회의 심의를 거쳐야 한다.

(4) 과학기술정보통신부장관은 기본계획의 수립을 위하여 관계 중앙행정기관, 지방자치단체 및 관련 공공기관의 장에게 소관 분야별 계획이나 자료의 제공 등을 요청할 수 있다. 이 경우 계획이나 자료의 제공 등을 요청받은 기관은 특별한 사유가 없으면 이에 협조하여야 한다.

(5) 과학기술정보통신부장관은 기본계획의 시행과 그 추진실적을 평가하여 다음 기본계획의 수립 시 그 평가결과를 반영하여야 한다.

6. 실행계획의 수립

(1) 관계 중앙행정기관의 장은 기본계획을 구체화하기 위하여 정보통신 진흥 및 융합 활성화 실행계획을 매년 수립하여 시행하여야 한다.

(2) 관계 중앙행정기관의 장이 실행계획을 수립할 때에는 정보통신 전략위원회의 심의 결과를 반영하여야 하며, 전년도 실행계획의 추진실적과 함께 실행계획을 정보통신 전략위원회에 제출하여야 한다.

(3) 관계 중앙행정기관의 장은 실행계획의 수립을 위하여 필요한 경우 지방자치단체 및

관련 공공기관의 장에게 자료의 제공 등을 요청할 수 있다.

7. 정보통신 전략위원회

(1) 정보통신 진흥 및 융합 활성화에 관한 정책을 심의·의결하기 위하여 국무총리 소속으로 정보통신 전략위원회(이하 "전략위원회"라 한다)를 둔다.

(2) 전략위원회는 위원장 1명과 간사 1명을 포함한 25명 이내의 위원으로 구성하고, 위원장은 국무총리가 되며, 간사는 과학기술정보통신부장관이 되며, 위원은 대통령령으로 정하는 관계 중앙행정기관의 장 및 다음 각 호의 어느 하나에 해당하는 사람 중에서 국무총리가 임명한다.

① 대학교 부교수 이상 또는 정보통신 관련 연구소에서 15년 이상 근무하였거나 근무하고 있는 사람

② 정보통신 관련 업계에서 임직원으로 15년 이상 근무하였거나 근무하고 있는 사람

③ 정보통신 관련 시민단체에서 15년 이상 근무하였거나 근무하고 있는 사람

④ 판사, 검사 또는 변호사의 자격이 있는 사람으로서 15년 이상의 경력자

⑤ 그 밖에 국무총리가 정보통신 관련 전문성을 인정한 사람

8. 전문인력 양성

(1) 국내 전문인력

① 과학기술정보통신부장관은 정보통신 분야의 전문적인 기술, 지식 등을 가진 인력("전문인력")의 육성에 관한 시책을 수립·추진하여야 하며, 특히 소프트웨어 교육의 저변 확대 및 지역산업의 발전을 위한 소프트웨어 특화 교육 활성화를 위하여 노력하여야 한다.

② 과학기술정보통신부장관은 전문인력의 육성에 관한 시책을 추진하기 위하여 필요한 경우 관련 단체 및 기업 등을 지원할 수 있으며, 체계적인 소프트웨어 실기교육을 통한 전문 소프트웨어 인재 육성을 위하여 한국소프트웨어종합학교를 운영할 수 있다.

(2) 학점이수인턴제도

① 정부는 「고등교육법」 제2조제1호부터 제6호까지의 규정에 따른 대학, 산업대학, 교육대학, 전문대학, 원격대학, 기술대학(이하 "대학"이라 한다) 중 대통령령으로 정하는 정보통신 관련 학과에 재학 중인 사람이 2년을 초과하지 아니하는 기간 내에서 대통령령으로 정하는 중소기업 및 벤처 등에서 인턴으로 근무하도록 할 수 있다.

② 위에 따라 중소기업 및 벤처 등에서 인턴으로 근무한 사람에게는 그 기간 동안 소속 대학의 학사과정 및 학점을 학칙으로 정하는 바에 따라 이수한 것으로 본다.

③ 정부는 위에 따른 인턴제도를 도입한 대학, 중소기업 및 벤처 등에 대하여는 인건비 등 필요한 지원을 할 수 있다.

④ 위 규정에 따른 인턴제도의 운영 및 지원 등에 필요한 사항은 대통령령으로 정한다.

9. 유망기술의 지정 등

과학기술정보통신부장관은 새로운 정보통신 기술·서비스를 활성화하고 다른 산업 분야와 연계하기 위하여 대통령령으로 정하는 바에 따라 매년 유망 정보통신융합 등 기술·서비스(디지털콘텐츠를 포함한다) 등을 지정하여 지원할 수 있다.

10. 기술의 표준화 등

(1) 과학기술정보통신부장관은 정보통신 진흥 및 융합 활성화를 위하여 정보통신융합 등 기술·서비스 등의 표준화에 관한 다음 각 호의 사업을 추진할 수 있다.

(2) 과학기술정보통신부장관은 민간부문에서 추진하는 정보통신융합 등 기술·서비스 등의 표준화 사업에 대한 지원을 할 수 있다.

(3) 과학기술정보통신부장관은 정보통신융합 등 기술·서비스 등의 표준화사업을 위한 전문기관을 지정하고, 필요한 비용의 전부 또는 일부를 보조할 수 있다.

(4) (1)에 따른 사업 및 제3항의 전문기관의 지정 등에 필요한 사항은 대통령령으로 정한다.

11. 품질인증

과학기술정보통신부장관은 정보통신융합 등 기술·서비스 등의 편의성·안정성·신뢰성·확장성 등에 관한 인증기준("품질기준")을 정하여 고시할 수 있다. 동 인증 업무를 효율적으로 수행하기 위하여 인증기관을 지정할 수 있다.

제2절 지능형 로봇 개발 및 보급 촉진법(지능형로봇법)

1. 목 적

지능형 로봇의 개발과 보급을 촉진하고 그 기반을 조성하여 지능형 로봇산업의 지속적 발전을 위한 시책을 수립·추진함으로써 국민의 삶의 질 향상과 국가경제에 이바지함을 목적으로 한다.

2. 주요 용어

(1) 지능형 로봇
외부환경을 스스로 인식하고 상황을 판단하여 자율적으로 동작하는 기계장치를 말한다.

(2) 지능형 로봇윤리헌장
"지능형 로봇윤리헌장"이란 지능형 로봇의 기능과 지능이 발전함에 따라 발생할 수 있는 사회질서의 파괴 등 각종 폐해를 방지하여 지능형 로봇이 인간의 삶의 질 향상에 이바지할 수 있도록 지능형 로봇의 개발·제조 및 사용에 관계하는 자에 대한 행동지침을 정한 것이다.

(3) 지능형 로봇투자회사
법 제28조에 따라 자산을 운용하여 그 수익을 주주에게 배분하는 것을 목적으로 설립된

회사를 말한다.

(4) 로봇랜드

법 제30조에 따라 지정된 조성지역으로서 지능형 로봇의 개발 및 보급을 위하여 각종 지능형 로봇이 활용되는 시설과 그 밖의 부대시설이 설치된 지역을 말한다.

3. 국가 및 지방자치단체의 책무

국가 및 지방자치단체는 지능형 로봇의 개발 및 보급을 촉진하기 위하여 필요한 예산을 확보하고 관련 시책을 종합적이고 효과적으로 수립·추진하여야 한다.

4. 다른 법률과의 관계

지능형 로봇의 개발·보급에 대하여는 다른 법률에 특별한 규정이 있는 경우를 제외하고는 이 법으로 정하는 바에 따른다.

5. 기본계획의 수립

(1) 정부는 지능형 로봇의 개발 및 보급에 관한 이 법의 목적을 효율적으로 달성하기 위하여 5년마다 기본계획을 수립하여야 한다.

(2) 기본계획에는 다음 각 호의 사항이 포함되어야 한다.

① 지능형 로봇의 개발 및 보급에 관한 기본방향

② 지능형 로봇의 개발 및 보급에 관한 중·장기 목표

③ 지능형 로봇의 개발 및 이와 관련된 학술 진흥 및 기반조성에 관한 사항

④ 지능형 로봇의 개발 및 보급에 필요한 기반시설의 구축에 관한 사항

⑤ 지능형 로봇윤리헌장의 실행에 관한 사항

⑥ 지능형 로봇에 대한 중앙행정기관의 사업방향에 관한 사항

⑦ 그 밖에 지능형 로봇의 개발 및 보급과 관련하여 필요한 사항

(3) 관계 중앙행정기관의 장은 기본계획에 따라 매년 소관별로 지능형 로봇의 개발 및 보급과 그 기반조성에 관한 실행계획을 수립·시행하여야 한다.

(4) 기본계획 및 실행계획의 수립, 시행 및 변경에 관하여 필요한 사항은 대통령령으로 정한다.

6. 로봇산업정책협의회

(1) 지능형 로봇의 개발 및 보급 정책에 관하여 필요한 사항을 관계 중앙행정기관 등과 협의하기 위하여 산업통상자원부에 로봇산업정책협의회를 둔다.

(2) 정책협의회의 구성·운영, 그 밖에 필요한 사항은 대통령령으로 정한다.

7. 자금지원

정부는 기본계획 및 실행계획을 효과적으로 추진하기 위하여 필요한 자금을 확보하기 위하여 노력하여야 한다.

8. 실태조사 등

(1) 정부는 지능형 로봇의 효율적인 기술개발과 보급·확산을 위하여 지능형 로봇산업의 분류체계를 구축하고 분류체계에 따른 산업통계를 확보하여야 한다. 이 경우 산업통계를 작성함에 있어서는 「통계법」을 준용한다.

(2) 산업통상자원부장관은 지능형 로봇산업 관련 정책의 효과적인 수립·시행과 (1)의 산업통계 확보를 위하여 매년 지능형 로봇산업 전반에 걸친 실태조사를 실시하여야 한다.

(3) 산업통상자원부장관은 제2항에 따른 실태조사를 위하여 필요한 경우에는 지능형 로봇 관련 사업자 또는 지능형 로봇 관련 법인·단체에 대하여 자료의 제출이나 의견의 진술 등을 요구할 수 있다. 이 경우 자료의 제출이나 의견의 진술 등을 요구받은 지능형 로봇 관련 사업자 또는 지능형 로봇 관련 법인·단체는 특별한 사유가 없는 한 이에 협조하여야 한다.

9. 국제협력

정부는 국제기구 또는 외국의 정부·기업·대학·연구소, 그 밖의 기관·단체 등과의 지능형 로봇의 개발 및 보급에 관한 국제협력을 촉진시키기 위한 시책을 마련하여야 한다.

10. 보급촉진

(1) 산업통상자원부장관은 지능형 로봇제품의 품질확보 및 보급·확산을 촉진하기 위하여 필요한 지원시책을 수립할 수 있다.

(2) 정부는 장애인·노령자·저소득자 등 사회적 약자들이 지능형 로봇을 자유롭게 이용할 수 있는 기회를 누리고 혜택을 향유할 수 있도록 하기 위하여 지능형 로봇의 사용 편의성 향상 등을 위한 개발 및 보급 촉진에 필요한 대책을 마련하여야 한다.

11. 윤리헌장

(1) 정부는 지능형 로봇 개발자·제조자 및 사용자가 지켜야 할 윤리 등 대통령령으로 정하는 사항을 포함하는 지능형 로봇윤리헌장을 제정하여 공표할 수 있다.

(2) 정부는 대통령령으로 정하는 바에 따라 헌장의 보급 및 확산을 위한 필요한 조치를 마련하여야 한다.

12. 지능형 로봇투자회사

(1) 지능형 로봇투자회사는 「자본시장과 금융투자업에 관한 법률」에 따른 투자회사로 본다.

(2) 지능형 로봇투자회사는 「자본시장과 금융투자업에 관한 법률」 제230조 제1항에 따른 환매금지형집합투자기구로 한다.

(3) 지능형 로봇투자회사는 이 법으로 특별히 정하는 경우를 제외하고는 「자본시장과 금융투자업에 관한 법률」의 적용을 받는다.

(4) 이 법에 따른 지능형 로봇투자회사가 아닌 자는 지능형 로봇투자회사 또는 이와 유사한 명칭을 사용하여서는 아니 된다.

(5) 금융위원회는 「자본시장과 금융투자업에 관한 법률」 제182조에 따라 지능형 로봇투자회사를 등록하는 경우에는 대통령령으로 정하는 바에 따라 미리 산업통상자원부장관과 협의하여야 한다.

(6) 지능형 로봇투자회사의 존립기간은 「자본시장과 금융투자업에 관한 법률」 제182조에 따라 지능형 로봇투자회사로 등록된 날부터 10년 이내의 범위에서 지능형 로봇투자회사의 정관으로 정한다. 다만, 지능형 로봇투자회사는 지능형 로봇사업의 계속 등으로 존립기간의 연장이 필요한 경우에는 금융위원회의 승인을 받아 당초 존립기간 만료일부터 기산하여 10년 이내의 범위에서 존립기간을 연장할 수 있다.

13. 로봇랜드

(1) 로봇랜드 조성지역은 대통령령으로 정하는 바에 따라 특별시장·광역시장·특별자치시장·도지사 또는 특별자치도지사의 신청에 의하여 산업통상자원부장관이 지정한다.

(2) 산업통상자원부장관은 제1항에 따른 로봇랜드 조성지역을 지정하고자 하는 때에는 관계 중앙행정기관의 장과 협의하여야 한다.

(3) 로봇랜드 조성지역의 지정의 취소 또는 그 면적의 변경은 로봇랜드 조성지역의 지정에 관한 절차에 따라야 한다. 이 경우 대통령령으로 정하는 경미한 면적의 변경은 제2항에 따른 협의를 하지 아니할 수 있다.

(4) 산업통상자원부장관은 제1항 또는 제3항에 따라 지정, 지정의 취소 또는 그 면적변경을 한 때에는 이를 고시하여야 한다.

14. 조성실행계획의 승인 등

(1) 다음 각 호의 어느 하나에 해당하는 자는 제30조 제1항에 따라 지정받은 지역에 로봇랜드를 조성할 수 있다.

① 시·도지사

② 산업통상자원부령으로 정하는 공공기관

(2) (1)에 따라 로봇랜드를 조성하고자 하는 자는 로봇 전시관 등 대통령령으로 정하는 시

설을 포함하는 조성실행계획을 작성하여 산업통상자원부장관의 승인을 받아야 한다. 이 경우 조성실행계획의 승인을 받은 자("사업시행자")가 조성실행계획을 변경하고자 하는 때에도 대통령령으로 정하는 경미한 사항을 변경하는 경우를 제외하고는 산업통상자원부장관의 승인을 받아야 한다.

(3) 산업통상자원부장관은 제2항에 따라 조성실행계획을 승인 또는 변경승인을 하고자 하는 때에는 관계 중앙행정기관의 장과 협의하여야 한다.

(4) 산업통상자원부장관은 제2항에 따라 조성실행계획을 승인한 때에는 지체 없이 조성실행계획을 고시하여야 한다.

(5) 법 제30조에 따라 로봇랜드 조성지역으로 지정·고시된 지역에 대하여 그 고시일부터 2년 이내에 제31조 제2항에 따른 조성실행계획의 승인신청이 없는 경우에는 그 고시일부터 2년이 경과한 다음 날에 그 로봇랜드 조성지역의 지정은 효력을 상실한다.

(6) 사업시행자가 제31조 제4항에 따른 조성실행계획의 승인 고시일부터 2년 이내에 사업을 착수하지 아니하는 경우에는 조성실행계획의 승인 고시일부터 2년이 경과한 다음 날에 그 조성실행계획의 승인은 효력을 상실한다.

(7) (6)에 따라 조성실행계획의 효력이 상실된 로봇랜드 조성지역에 대하여 그 조성실행계획의 효력이 상실된 날부터 2년 이내에 새로운 조성실행계획의 승인신청이 없는 경우에는 그 효력이 상실된 날부터 2년이 경과한 다음 날에 그 로봇랜드 조성지역의 지정은 효력을 상실한다.

(8) 법 제33조 제2항에 따른 조성실행계획의 승인취소 고시일부터 1년 이내에 새로운 조성실행계획의 승인신청이 없는 경우에는 그 조성실행계획의 승인취소 고시일부터 1년이 경과한 다음 날에 그 로봇랜드 조성지역의 지정은 효력을 상실한다.

(9) 산업통상자원부장관은 제1항부터 제4항까지의 규정에 따라 지정 또는 승인의 효력이 상실된 경우에는 지체 없이 그 사실을 고시하여야 한다.

15. 한국로봇산업진흥원 등

지능형 로봇산업 진흥을 위한 사업을 효율적이고 체계적으로 추진하고 지능형 로봇산업 관련 정책의 개발을 지원하기 위하여 한국로봇산업진흥원을 설립한다.

제3절 항공안전법

1. 목 적

「국제민간항공협약」 및 같은 협약의 부속서에서 채택된 표준과 권고되는 방식에 따라 항공기, 경량항공기 또는 초경량비행장치가 안전하게 항행하기 위한 방법을 정함으로써 생명과 재산을 보호하고, 항공기술 발전에 이바지함을 목적으로 한다.

2. 주요 용어

(1) 항공기

공기의 반작용(지표면 또는 수면에 대한 공기의 반작용은 제외한다)으로 뜰 수 있는 기기로서 최대이륙중량, 좌석수 등 국토교통부령으로 정하는 기준에 해당하는 다음 각 목의 기기와 그 밖에 대통령령으로 정하는 기기를 말한다.

① 비행기
② 헬리콥터
③ 비행선
④ 활공기(滑空機)

(2) 경량항공기

항공기 외에 공기의 반작용으로 뜰 수 있는 기기로서 최대 이륙중량, 좌석수 등 국토교통부령으로 정하는 기준에 해당하는 비행기, 헬리콥터, 자이로플레인(gyroplane) 및 동력패러슈트(powered parachute) 등을 말한다.

(3) 초경량비행장치

① "초경량비행장치"란 항공기와 경량항공기 외에 공기의 반작용으로 뜰 수 있는 장치로서 자체중량, 좌석수 등 국토교통부령으로 정하는 기준에 해당하는 동력비행장치, 행글라이더, 패러글라이더, 기구류 및 무인비행장치 등을 말한다.

"초경량비행장치사용사업"이란 「항공사업법」 제2조제23호에 따른 초경량비행장치 사용사업을 말한다.

"초경량비행장치사용사업자"란 「항공사업법」 제2조제24호에 따른 초경량비행장치 사용사업자를 말한다.

② 국토교통부령 기준

법 제2조제3호에서 "자체중량, 좌석수 등 국토교통부령으로 정하는 기준에 해당하는 동력비행장치, 행글라이더, 패러글라이더, 기구류 및 무인비행장치 등"이란 다음의 기준을 충족하는 동력비행장치, 행글라이더, 패러글라이더, 기구류, 무인비행장치, 회전익비행장치, 동력패러글라이더 및 낙하산류 등을 말한다.

㉠ 동력비행장치 : 동력을 이용하는 것으로서 다음 각 목의 기준을 모두 충족하는 고정익 비행장치

ⓐ 탑승자, 연료 및 비상용 장비의 중량을 제외한 자체중량이 115킬로그램 이하일 것

ⓑ 좌석이 1개일 것

㉡ 행글라이더 : 탑승자 및 비상용 장비의 중량을 제외한 자체중량이 70킬로그램 이하로서 체중이동, 타면조종 등의 방법으로 조종하는 비행 장치

㉢ 패러글라이더 : 탑승자 및 비상용 장비의 중량을 제외한 자체중량이 70킬로그램 이하로서 날개에 부착된 줄을 이용하여 조종하는 비행장치

㉣ 기구류 : 기체의 성질·온도차 등을 이용하는 다음의 비행장치

ⓐ 유인자유기구 또는 무인자유기구

ⓑ 계류식(繫留式)기구

㉤ 무인비행장치 : 사람이 탑승하지 아니하는 다음 각 목의 비행장치

ⓐ 무인동력비행장치 : 연료의 중량을 제외한 자체중량이 150킬로그램 이하인 무인비행기, 무인헬리콥터 또는 무인멀티콥터

ⓑ 무인비행선 : 연료의 중량을 제외한 자체중량이 180킬로그램 이하이고 길이가 20미터 이하인 무인비행선

㉥ 회전익비행장치 : 동력비행장치의 요건을 갖춘 헬리콥터 또는 자이로플레인

㉦ 동력패러글라이더 : 패러글라이더에 추진력을 얻는 장치를 부착한 다음의 비행장치

ⓐ 착륙장치가 없는 비행장치

ⓑ 착륙장치가 있는 것으로서 동력비행장치의 요건을 갖춘 비행장치

ⓞ 낙하산류 : 항력(抗力)을 발생시켜 대기(大氣) 중을 낙하하는 사람 또는 물체의 속도를 느리게 하는 비행장치

ⓩ 그 밖에 국토교통부장관이 종류, 크기, 중량, 용도 등을 고려하여 정하여 고시하는 비행장치

제4절 공공데이터의 제공 및 이용 활성화에 관한 법률(공공데이터법)

1. 목 적

공공기관이 보유·관리하는 데이터의 제공 및 그 이용 활성화에 관한 사항을 규정함으로써 국민의 공공데이터에 대한 이용권을 보장하고, 공공데이터의 민간 활용을 통한 삶의 질 향상과 국민경제 발전에 이바지함을 목적으로 한다.

2. 주요 용어

(1) 공공기관
국가기관, 지방자치단체 및 「국가정보화 기본법」 제3조제10호에 따른 공공기관을 말한다.

(2) 공공데이터
데이터베이스, 전자화된 파일 등 공공기관이 법령 등에서 정하는 목적을 위하여 생성 또는 취득하여 관리하고 있는 광(光) 또는 전자적 방식으로 처리된 자료 또는 정보로서 다음 각 목의 어느 하나에 해당하는 것을 말한다.
① 「전자정부법」 제2조제6호에 따른 행정정보
② 「국가정보화 기본법」 제3조제1호에 따른 정보 중 공공기관이 생산한 정보

③ 「공공기록물 관리에 관한 법률」 제20조제1항에 따른 전자기록물 중 대통령령으로 정하는 전자기록물

④ 그 밖에 대통령령으로 정하는 자료 또는 정보

(3) 기계 판독이 가능한 형태

소프트웨어로 데이터의 개별내용 또는 내부구조를 확인하거나 수정, 변환, 추출 등 가공할 수 있는 상태를 말한다.

(4) 제공

공공기관이 이용자로 하여금 기계 판독이 가능한 형태의 공공데이터에 접근할 수 있게 하거나 이를 다양한 방식으로 전달하는 것을 말한다.

3. 기본원칙

(1) 공공기관은 누구든지 공공데이터를 편리하게 이용할 수 있도록 노력하여야 하며, 이용권의 보편적 확대를 위하여 필요한 조치를 취하여야 한다.

(2) 공공기관은 공공데이터에 관한 국민의 접근과 이용에 있어서 평등의 원칙을 보장하여야 한다.

(3) 공공기관은 정보통신망을 통하여 일반에 공개된 공공데이터에 관하여 제28조 제1항 각 호의 경우를 제외하고는 이용자의 접근제한이나 차단 등 이용저해행위를 하여서는 아니 된다.

(4) 공공기관은 다른 법률에 특별한 규정이 있는 경우 또는 제28조 제1항 각 호의 경우를 제외하고는 공공데이터의 영리적 이용인 경우에도 이를 금지 또는 제한하여서는 아니 된다.

(5) 이용자는 공공데이터를 이용하는 경우 국가안전보장 등 공익이나 타인의 권리를 침해하지 아니하도록 법령이나 이용조건 등에 따른 의무를 준수하여야 하며, 신의에 따라 성실하게 이용하여야 한다.

4. 다른 법률과의 관계

공공데이터의 관리, 제공 및 이용에 관하여 다른 법률에 특별한 규정이 있는 경우를 제외하고는 이 법에서 정하는 바에 따른다.

5. 전략위원회 설치

(1) 공공데이터에 관한 정부의 주요 정책과 계획을 심의·조정하고 그 추진사항을 점검·평가하기 위하여 국무총리 소속으로 공공데이터전략위원회를 둔다. 위원은 위원장 2명을 포함하여, 35명 이내로 한다.

(2) 구성 : 위원장은 국무총리와 아래 ②의 위원 중에서 대통령이 지명하는 사람이 공동으로 되고, 위원은 ①, ②의 사람이 된다.

① 중앙행정기관의 장, 지방자치단체의 장 및 공공기관의 장 중 대통령령으로 정하는 사람

② 공공데이터의 제공 및 이용에 관한 전문지식과 경험이 풍부한 사람 중에서 국무총리가 위촉하는 사람

(3) 전략위원회의 효율적 운영 및 지원을 위하여 간사 1명을 두되, 간사는 행정안전부장관이 된다. 전략위원회에 상정할 안건을 미리 검토하고 전략위원회가 위임한 안건을 심의하기 위하여 전략위원회에 공공데이터전략실무위원회(이하 "실무위원회"라 한다)를 두며, 실무위원회 소속으로 안건 심의 등을 지원하기 위하여 분야별 전문위원회를 둘 수 있다.

6. 기본계획

(1) 정부는 공공데이터의 제공 및 이용 활성화에 관한 기본계획(이하 "기본계획"이라 한다)을 수립하여야 한다.

(2) 기본계획은 행정안전부장관이 과학기술정보통신부장관과 협의하여 매 3년 마다 국가 및 각 지방자치단체의 부문계획을 종합하여 수립하며, 전략위원회의 심의·의결을 거쳐 확정한다. 기본계획 중 대통령령으로 정하는 중요한 사항을 변경하는 경우에도 또한 같다.

(3) 기본계획에는 다음의 사항이 포함되어야 한다.

① 공공데이터 제공 및 이용 활성화의 기본목표와 추진방향

② 공공데이터의 제공형태 및 제공방안에 관한 사항

③ 공공데이터의 등록 및 이용 현황

④ 제공 및 이용 가능한 공공데이터의 확대

⑤ 공공데이터의 민간 활용 촉진에 관한 사항

⑥ 공공데이터의 품질관리에 관한 사항

⑦ 공공데이터의 제공기술 개발 촉진에 관한 사항

⑧ 공공데이터 관련 제도 및 법령의 개선에 관한 사항

⑨ 공공데이터의 관리·제공 및 이용에 필요한 교육·훈련에 관한 사항

⑩ 공공데이터 제공 및 이용에 필요한 투자 및 재원조달 계획

⑪ 그 밖에 공공데이터의 관리, 제공 및 이용에 관한 사항

(4) 행정안전부장관은 전략위원회의 심의를 거쳐 국가와 지방자치단체의 부문 계획의 작성지침을 정하고 이를 관계 기관에 통보할 수 있으며, 기본계획의 작성을 위하여 필요한 경우 공공기관의 장에게 관련 자료의 제출을 요청할 수 있다.

7. 이용활성화

(1) 국가와 지방자치단체의 장은 기본계획에 따라 매년 공공데이터의 제공 및 이용 활성화에 관한 시행계획(이하 '시행계획'이라 한다)을 수립하여야 한다.

(2) 중앙행정기관의 장과 지방자치단체의 장은 시행계획을 전략위원회에 제출하고, 전략위원회의 심의·의결을 거쳐 시행하여야 한다. 시행계획 중 대통령령으로 정하는 중요한 사항을 변경하는 경우에도 또한 같다.

8. 평 가

(1) 행정안전부장관은 매년 공공기관(국회·법원·헌법재판소 및 중앙선거관리위원회는 제외한다)을 대상으로 공공데이터의 제공 기반조성, 제공현황 등 제공 운영실태를 대통령령으로 정하는 바에 따라 평가하여야 한다.

(2) 행정안전부장관은 제1항에 따른 평가결과를 전략위원회와 국무회의에 보고한 후 이를 공공기관의 장에게 통보하고 공표하여야 하며, 전략위원회가 개선이 필요하다고 권고한 사항에 대하여는 해당 공공기관에 시정요구 등의 조치를 취하여야 한다.

(3) 행정안전부장관은 제1항에 따른 평가결과가 우수한 공공기관이나 공공데이터 제공에 이바지한 공로가 인정되는 공무원 또는 공공기관 임직원을 선정하여 포상할 수 있다.

9. 이용현황 조사

정부는 공공데이터의 제공 및 이용 활성화 정책을 효율적으로 수립·시행하기 위하여 국민, 민간기업 및 단체를 대상으로 공공데이터 이용수요, 이용현황, 애로사항 등을 조사할 수 있다.

10. 센터운영

공공데이터의 효율적인 제공 및 이용 활성화 지원을 위하여 공공데이터 활용지원센터(이하 "활용지원센터"라 한다)를 「국가정보화기본법」 제14조에 따른 한국정보화진흥원에 설치·운영한다.

11. 데이터의 범위

(1) 공공기관의 장은 해당 공공기관이 보유·관리하는 공공데이터를 국민에게 제공하여야 한다. 다만, 다음의 어느 하나에 해당하는 정보를 포함하고 있는 경우에는 그러하지 아니한다.

① 「공공기관의 정보공개에 관한 법률」 제9조에 따른 비공개대상정보
② 「저작권법」 및 그 밖의 다른 법령에서 보호하고 있는 제3자의 권리가 포함된 것으로 해당 법령에 따른 정당한 이용허락을 받지 아니한 정보

(2) 공공기관의 장은 제1항에도 불구하고 제1항 각 호에 해당하는 내용을 기술적으로 분리할 수 있는 때에는 제1항 각 호에 해당하는 부분을 제외한 공공데이터를 제공하여야 한다.

(3) 행정안전부장관은 (1) ②의 제3자의 권리를 포함하는 것으로 분류되어 제공 대상에서 제외된 공공데이터에 대한 정당한 이용허락 확보를 위한 방안을 제시할 수 있으며, 공공기관의 장은 그 방안에 따라 필요한 조치를 취하여야 한다.

(4) 행정안전부장관은 공공데이터의 체계적 관리와 제공 및 이용 활성화 정책의 효율적 집행을 위하여 제21조에 따른 공공데이터 포털에 공공데이터 목록 등록관리시스템을 구축·운영하여야 한다.

12. 공 표

(1) 전략위원회는 제18조에 따라 등록된 공공데이터 목록 가운데 제공대상이 되는 공공데이터 목록을 심의·의결한다.

(2) 행정안전부장관은 (1)에 따라 전략위원회의 심의·의결을 거친 공공데이터 제공목록 및 이용요건 등을 종합하여 공표하여야 한다.

(3) 공공기관의 장은 제2항에 따라 공표된 소관 제공대상 공공데이터를 이용자가 쉽게 이용할 수 있도록 제공목록 및 이용요건 등을 작성하여 해당기관의 인터넷 홈페이지를 통하여 공표하여야 한다.

(4) (2)에 따라 공표된 공공데이터를 보유하고 있는 공공기관의 장은 해당 공공 데이터를 제21조의 공공데이터 포털에 등록하여야 한다.

(5) 그 밖에 공공데이터 목록의 종합 및 공표를 위하여 필요한 사항은 대통령령으로 정하는 바에 따른다.

13. 공공데이터 포털

(1) 행정안전부장관은 공공데이터의 효율적 제공을 위하여 통합제공시스템(이하 "공공데이터 포털"이라 한다)을 구축·관리하고 활용을 촉진하여야 한다.

(2) 행정안전부장관은 공공기관의 장에게 공공데이터 포털의 구축과 운영에 필요한 공공데이터의 연계, 제공 등의 협력을 요청할 수 있다. 이 경우 요청을 받은 공공기관의 장은 특별한 사유가 없는 한 이에 따라야 한다.

(3) 그 밖에 공공데이터 포털의 구축·관리 및 활용촉진 등 필요한 사항은 대통령령으로 정한다.

14. 표준화

행정안전부장관은 과학기술정보통신부장관과 협의하여 공공데이터의 제공 및 이용을 활성화하고 효율적인 관리를 위하여 다음 각 호의 사항에 대한 표준을 제정·시행하여야 한다. 다만, 공공데이터 표준과 관련된 사항이 「산업표준화법」에 따른 한국산업표준으로 제정되어 있는 경우에는 그러하지 아니하다.

제5절 콘텐츠산업진흥법(콘텐츠산업법)

1. 목 적

콘텐츠산업의 진흥에 필요한 사항을 정함으로써 콘텐츠산업의 기반을 조성하고 그 경쟁력을 강화하여, 국민생활의 향상과 국민경제의 건전한 발전에 이바지함을 목적으로 한다.

2. 주요 용어

(1) 콘텐츠
부호·문자·도형·색채·음성·음향·이미지 및 영상 등(이들의 복합체를 포함한다)의 자료 또는 정보를 말한다.

(2) 콘텐츠산업
경제적 부가가치를 창출하는 콘텐츠 또는 이를 제공하는 서비스(이들의 복합체를 포함한다)의 제작·유통·이용 등과 관련한 산업을 말한다.

(3) 콘텐츠 제작

창작·기획·개발·생산 등을 통하여 콘텐츠를 만드는 것을 말하며, 이를 전자적인 형태로 변환하거나 처리하는 것을 포함한다.

(4) 콘텐츠 제작자

콘텐츠의 제작에 있어 그 과정의 전체를 기획하고 책임을 지는 자(이 자로부터 적법하게 그 지위를 양수한 자를 포함한다)를 말한다.

(5) 콘텐츠사업자

콘텐츠의 제작·유통 등과 관련된 경제활동을 영위하는 자를 말한다.

(6) 이용자

콘텐츠사업자가 제공하는 콘텐츠를 이용하는 자를 말한다.

(7) 기술적 보호조치

콘텐츠 제작자의 이익의 침해를 효과적으로 방지하기 위하여 콘텐츠에 적용하는 기술 또는 장치를 말한다.

(8) 저작권법상 저작물

이 법에서 사용하는 용어의 뜻은 위에서 정하는 것을 제외하고는 「저작권법」에서 정하는 바에 따른다. 이 경우 "저작물"은 "콘텐츠"로 본다.

3. 콘텐츠 관련 정책의 기본 이념

(1) 콘텐츠제작자의 창의성이 충분히 발휘되고, 콘텐츠에 관한 지식재산권이 국내외에서 보호될 수 있도록 할 것

(2) 콘텐츠의 원활한 유통을 통하여 이용자로 하여금 폭넓은 문화를 향유할 수 있도록 함으로써, 국민의 삶의 질을 향상시키고 복지를 증진시킬 수 있도록 할 것

(3) 다양한 콘텐츠 관련 사업을 창출하고, 이를 효율화·고도화함으로써 국제경쟁력을 강화하여 콘텐츠산업의 지속적인 발전이 이루어질 수 있도록 할 것

4. 다른 법률과의 관계

(1) 이 법은 콘텐츠산업 진흥에 관하여 「문화산업진흥 기본법」에 우선하여 적용한다.

(2) 콘텐츠제작자가 「저작권법」의 보호를 받는 경우에는 같은 법을 이 법에 우선하여 적용한다.

5. 기본계획

정부는 콘텐츠산업의 기반을 조성하고 그 경쟁력을 강화하기 위하여 3년마다 콘텐츠산업의 진흥에 관한 중·장기 기본계획(이하 "기본계획"이라 한다)을 수립하여야 한다.

6. 시행계획

콘텐츠산업과 관련된 중앙행정기관의 장은 기본계획에 따라 매년 소관별 콘텐츠산업의 진흥을 위한 시행계획(이하 "시행계획"이라 한다)을 수립하여야 한다.

시행계획은 콘텐츠산업진흥위원회의 심의를 거쳐 확정된다. 문화체육관광부장관은 콘텐츠산업과 관련하여 중앙행정기관의 장이 수립한 시행계획을 종합하여 콘텐츠산업진흥위원회에 제출하여야 한다.

7. 콘텐츠산업진흥위원회

정부는 콘텐츠산업의 진흥에 관한 사항을 심의하기 위하여 국무총리 소속으로 콘텐츠산업진흥위원회(이하 "위원회"라 한다)를 둔다. 위원회는 위원장 1명을 포함한 20명 이내의 위원으로 구성한다. 위원장은 국무총리가 된다.

8. 활성화

정부는 다양한 분야와 다양한 형태의 콘텐츠가 창작·유통·이용될 수 있는 환경을 조성하여야 하며, 콘텐츠제작자의 창의성을 높이고 경쟁력을 강화하기 위한 시책을 마련하여야 한다.

9. 지식재산권의 보호

(1) 정부는 사회적·경제적 환경의 변화에 따른 콘텐츠 이용방법의 다양화에 적절하게 대응하여 콘텐츠의 지식재산권 보호 시책을 강구하여야 한다.

(2) 정부는 콘텐츠제작자가 이 법에 따라 보호되는 콘텐츠에 대한 기술적 보호조치를 개발할 수 있도록 지원하기 위한 시책을 마련하여야 한다.

(3) 콘텐츠사업자는 타인의 지식재산권을 침해하지 아니하도록 필요한 조치를 하여야 한다.

10. 이용 활성화

(1) 국가, 지방자치단체, 그 밖에 대통령령으로 정하는 공공기관의 장(이하 "공공기관의 장"이라 한다)은 그 공공기관이 보유·관리하는 정보 중 「공공기관의 정보공개에 관한 법률」 제9조에 따른 비공개대상정보를 제외한 정보(이하 "공공정보"라 한다)를 공개하는 경우에는 콘텐츠사업자로 하여금 해당 정보를 콘텐츠 제작 등에 이용하도록 할 수 있다.

(2) 공공기관의 장은 공공정보의 이용을 활성화하기 위하여 대통령령으로 정하는 바에 따라 공공정보에 대한 이용 조건·방법 등을 정하고 이를 공개하여야 한다.

11. 융합콘텐츠의 활성화

정부는 콘텐츠산업과 그 밖의 산업 간 융합의 진전에 따른 콘텐츠 기술의 연구 개발과 다양한 콘텐츠의 개발을 촉진하기 위하여 필요한 시책을 수립·시행하여야 한다.

12. 산업기반 조성

창업활성화 : 정부는 콘텐츠산업 분야의 창업 촉진과 창업자의 성장·발전을 위하여 창업지원 계획을 수립·시행하여야 한다.

13. 전문인력

(1) 정부는 콘텐츠산업의 진흥에 필요한 전문인력을 양성하기 위하여 노력하여야 한다.

(2) 정부는 콘텐츠 전문인력을 양성하기 위하여 「고등교육법」 제2조에 따른 학교, 「평생교육법」 제33조 제3항에 따라 설치된 원격대학형태의 평생교육시설, 「문화산업진흥 기본법」 제31조에 따른 한국콘텐츠진흥원 등을 전문인력 양성기관으로 지정하여 교육 및 훈련을 실시하게 할 수 있으며, 이에 필요한 예산을 지원할 수 있다.

14. 표준화

문화체육관광부 장관은 효율적인 콘텐츠제작과 콘텐츠의 품질 향상, 콘텐츠 간 호환성 확보 등을 위하여 관계 중앙행정기관의 장과의 협의를 거쳐 다음의 사업을 추진하고, 관련 사업자에게는 제정된 표준을 고시하여 권고할 수 있다. 이 경우 콘텐츠의 디지털화와 관련된 사항은 과학기술정보통신부장관과 협의하여야 한다.

① 콘텐츠에 관한 표준의 제정·개정·폐지 및 보급

② 콘텐츠와 관련된 국내외 표준의 조사·연구·개발

③ 그 밖에 콘텐츠의 표준화에 필요한 사업

제6절 삼차원프린팅산업진흥법

1. 목 적

삼차원프린팅산업의 진흥에 필요한 사항을 정함으로써 삼차원프린팅산업 발전의 기반을 조성하고 국민생활의 향상과 국가경제의 발전에 이바지함을 목적으로 한다.

2. 주요 용어

(1) 삼차원프린팅

삼차원형상을 구현하기 위한 전자적 정보(이하 "삼차원 도면"이라 한다)를 자동화된 출력장치를 통하여 입체화하는 활동이다.

(2) 삼차원프린팅산업

삼차원프린팅과 관련된 장비·소재·소프트웨어·콘텐츠 등을 개발·제작·생산 또는 유통하거나 이에 관련된 서비스를 제공하는 산업을 말한다.

(3) 삼차원프린팅사업

삼차원프린팅산업과 관련된 경제활동을 말한다.

(4) 삼차원프린팅서비스산업

삼차원프린팅사업 중 이용자와 공급계약을 체결한 이용자

(5) 이용자

삼차원프린팅 장비·소재·소프트웨어·콘텐츠를 사용하거나 이를 이용한 서비스를 제공받는 자를 말한다.

3. 다른 법률과의 관계

삼차원프린팅산업의 진흥 및 지원 등과 관련하여 다른 법률에 특별한 규정이 있는 경우를 제외하고는 이 법에 따른다.

4. 기본계획

1) 내용

(1) 과학기술정보통신부장관은 3년마다 삼차원프린팅산업 진흥을 위한 기본계획(이하 "기본계획"이라 한다)을 수립하고 「정보통신 진흥 및 융합 활성화 등에 관한 특별법」 제7조에

따른 정보통신 전략위원회의 심의를 거쳐 확정하여야 한다.

(2) 기본계획에는 다음 각 호의 사항이 포함되어야 한다.

① 삼차원프린팅산업 진흥을 위한 정책의 기본방향

② 삼차원프린팅산업의 기반조성

③ 삼차원프린팅산업의 부문별 육성 시책

④ 삼차원프린팅산업 진흥을 위한 연구개발 지원

⑤ 삼차원프린팅산업 진흥을 위한 제도 개선

⑥ 삼차원프린팅산업 관련 이용자 보호

⑦ 삼차원프린팅산업 관련 국제협력 및 해외시장 진출 지원

⑧ 삼차원프린팅 관련 기술 및 서비스의 표준화

⑨ 삼차원프린팅산업 진흥을 위한 재원 확보 및 배분

⑩ 그 밖에 삼차원프린팅산업 진흥을 위하여 필요한 사항

2) 과학기술정보통신부장관의 자료 요청

과학기술정보통신부장관은 기본계획의 수립을 위하여 관계 중앙행정기관의 장, 지방자치단체의 장 또는 「공공기관의 운영에 관한 법률」에 따른 공공기관의 장에게 관련 자료를 요청할 수 있다. 이 경우 자료제공을 요청받은 자는 정당한 사유가 없으면 요청에 따라야 한다.

3) 시행계획의 작성

관계 중앙행정기관의 장은 기본계획에 따라 삼차원프린팅산업 진흥을 위한 세부시행계획(이하 "시행계획"이라 한다)을 수립·시행하고 과학기술정보통신부장관에게 제출하여야 한다.

4) 산업진흥 전담기관

정부는 삼차원프린팅산업 진흥과 관련한 정책을 효과적으로 추진할 수 있도록 전담기관을 지정하여 다음 각 호의 사업을 하게 할 수 있다.

① 인력양성 및 교육훈련

② 기술개발 지원

③ 해외시장 진출 지원

5) 기반조성

(1) 전문인력 양성

정부는 삼차원프린팅 관련 전문인력의 양성과 자질 향상을 위하여 교육훈련을 실시할 수 있다.

(2) 기술개발의 촉진

정부는 삼차원프린팅산업에 관한 기술개발의 촉진을 위하여 다음 각 호의 사업을 추진하여야 한다.

① 기술수준의 조사 및 기술의 연구 개발
② 개발된 기술의 평가
③ 기술협력·기술이전 등 개발된 기술의 실용화
④ 기술정보의 원활한 유통
⑤ 그 밖에 기술개발을 위하여 필요한 사업

5. 표준화

정부는 삼차원프린팅산업의 진흥을 위하여 삼차원프린팅산업 관련 기술 및 서비스 등의 표준화에 관한 다음 각 호의 사업을 추진할 수 있다.

① 삼차원프린팅 기술 및 삼차원프린팅서비스사업과 관련된 표준의 제정·개정 및 폐지와 그 보급. 다만, 「산업표준화법」에 따른 한국산업표준이 제정되어 있는 사항에 대하여는 그 표준에 따른다.
② 국내외 삼차원프린팅 관련 기술 및 서비스에 관한 표준의 조사·연구
③ 그 밖에 삼차원프린팅 관련 기술 및 삼차원프린팅서비스사업과 관련된 표준화에 필요한 사항

6. 품질인증

정부는 삼차원프린팅산업 관련 품질 확보를 위하여 삼차원프린팅 관련 기술 및 서비스에 관한 품질인증을 실시할 수 있고 품질인증을 실시하기 위하여 인증기관을 지정할 수 있다.

7. 시범사업

정부는 삼차원프린팅산업의 진흥을 위하여 필요하다고 인정할 때에는 시범사업을 실시할 수 있다.

8. 해외진출

정부는 삼차원프린팅산업의 국제협력과 해외시장 진출을 촉진하기 위하여 관련 기술 및 인력의 국제교류, 국제행사 참가, 공동 연구개발 등의 사업을 지원할 수 있다.

9. 삼차원프린팅 종합지원센터

정부는 삼차원프린팅 관련 창업 활동 등을 효율적으로 지원하기 위하여 삼차원프린팅 종합지원센터를 설립할 수 있다.

10. 활성화 및 환경조성

정부는 삼차원프린팅산업 활성화 및 이용환경 조성을 위하여 다음 각 호의 사업을 추진할 수 있다.
① 지식재산권 자유이용 촉진 사업
② 그 밖에 삼차원프린팅산업 활성화 및 이용환경 조성을 위하여 필요한 사업

11. 삼차원프린팅서비스사업 : 신고제

삼차원프린팅서비스사업을 경영하려는 자는 대통령령으로 정하는 요건 및 절차에 따라 과학기술정보통신부장관에게 신고하여야 한다(자본금 1억 원 이하 또는 사업자를 포함한 근로자 수가 5인 이하인 소규모 삼차원프린팅서비스사업자의 경우에는 삼차원프린팅서비스사업을 신고한 것으로 본다). 또한 그 업무를 폐업하고자 하는 때에도 대통령령으로 정하는 바에 따라 과학기술정보통신부장관에게 신고하여야 한다.

삼차원프린팅서비스사업자는 삼차원프린팅 관련 기술을 이용하여 「총포·도검·화약류 등의 안전관리에 관한 법률」에 따른 총포·도검·화약류 및 「마약류 관리에 관한 법률」에 따른 마약류 등 사람의 생명·신체에 위해를 가할 수 있는 물품을 제조·생산하여서는 아니 된다.

삼차원프린팅서비스사업의 대표자는 삼차원프린팅 관련 기술 및 제품과 관련한 안전교육을 받아야 하며, 삼차원프린팅서비스사업의 대표자는 삼차원프린팅 장비 및 소재 등을 이용하여 조형물을 제작하는 종업원에게 안전교육을 받도록 하여야 한다.

제7절 생명공학육성법

1. 목 적

생명공학연구의 기반을 조성하여 생명공학을 보다 효율적으로 육성·발전시키고 그 개발기술의 산업화를 촉진하여, 국민경제의 건전한 발전에 기여하게 함을 목적으로 한다.

2. 주요 용어

(1) 생명공학
다음의 학문과 기술을 말한다.
① 산업적으로 유용한 생산물을 만들거나 생산공정을 개선할 목적으로 생물학적 시스템, 생체, 유전체 또는 그들로부터 유래되는 물질을 연구·활용하는 학문과 기술
② 생명현상의 기전(起傳), 질병의 원인 또는 발병과정에 대한 연구를 통하여 생명공학의 원천지식을 제공하는 생리학·병리학·약리학 등의 학문[이하 "기초의과학(基礎醫科學)"이라 한다.]

3. 육성 기본계획

(1) 생명공학육성법 제13조의 규정에 의한 관계부처의 장은 소관별로 생명공학육성에 관한 계획을 과학기술정보통신부장관에게 제출하여야 한다.

(2) 과학기술정보통신부장관은 제1항의 규정에 의하여 관계부처의 장이 제출한 소관사항에 관한 생명공학육성계획을 종합·조정하여 생명공학육성기본계획(이하 "기본계획"이라 한다)을 수립한다.

(3) 제2항의 규정에 의한 기본계획에는 다음의 사항이 포함되어야 한다.

① 생명공학의 기초연구 및 산업적 응용연구의 육성에 관한 종합계획과 지침

② 생명공학의 연구에 필요한 인력자원의 개발종합계획과 인력자원의 효율적인 활용에 관한 지침

③ 생명공학의 연구 및 이와 관련된 산업기술인력의 국제교류와 해외과학기술자의 활용에 관한 계획과 그 지침

4. 기본계획 수립 시 생명공학 종합정책심의회의 심의

과학기술정보통신부장관은 기본계획을 수립하고자 할 때에는 생명공학종합 정책심의회의 심의를 거쳐야 한다.

5. 연차별 시행계획

(1) 관계부처의 장은 기본계획에 따라 생명공학육성 연차별 시행계획(이하 "시행계획"이라 한다)을 수립하고 이를 시행하여야 한다.

(2) 관계부처의 장은 시행계획을 수립하고자 할 때에는 미리 과학기술정보통신부장관과 협의하여야 한다.

(3) 과학기술정보통신부장관은 시행계획의 수립을 위하여 필요한 때에는 그 계획의 수립에 필요한 기본지침을 작성하여 관계부처의 장에게 통보할 수 있다.

(4) 시행계획의 수립 및 그 시행에 관하여 필요한 사항은 대통령령으로 정한다.

6. 생명공학종합정책심의회

(1) 심의회 설치 및 심의사항

기본계획의 수립과 그 집행 및 조정에 관한 업무를 관장하기 위하여 과학기술정보통신부장관 소속하에 생명공학종합정책심의회(이하 "심의회"라 한다)를 둔다. 심의회는 다음 사항을 심의 결정한다.

① 생명공학의 기초연구 및 산업적 응용연구의 육성에 관한 계획의 수립 및 그 집행의 조정

② 생명공학의 연구 및 기술개발에 관한 기본계획의 수립과 이에 따른 중요 정책의 수립 및 그 집행의 조정

③ 생명공학분야 인력개발에 관한 종합계획과 이에 따른 중요정책, 인력활용지침의 수립 및 그 집행의 조정

④ 생명공학의 연구 및 이와 관련된 산업기술인력의 개발교류와 해외과학기술자의 활용에 관한 계획의 수립 및 그 집행의 조정

⑤ 유전자원의 이용과 보전을 위한 연구개발계획의 수립 및 그 집행의 조정

⑥ 「뇌연구 촉진법」 제5조 제2항의 뇌연구 촉진 기본계획의 수립·변경과 이에 따른 중요 정책의 수립 및 그 집행의 조정

⑦ 「뇌연구 촉진법」 제9조에 따른 뇌연구 투자 확대 계획 등 뇌연구 관련 예산의 확대방안에 관한 사항

⑧ 뇌연구 분야 인력 개발 및 교류에 관한 종합계획과 이에 따른 중요 정책, 인력활용지침의 수립 및 그 집행의 조정

⑨ 뇌연구 결과의 이용과 보전을 위한 계획의 수립 및 그 집행의 조정

⑩ 그 밖에 생명공학육성과 뇌연구 촉진에 관하여 과학기술정보통신부장관이 필요하다고 인정하는 사항

(2) 심의회 구성

위원장 1인을 포함한 17인 이내의 위원으로 구성한다. 위원장은 과학기술정보통신부장관이 되고, 위원은 다음의 자가 된다.

① 대통령령이 정하는 관계 중앙행정기관의 차관급 공무원

② 학계 · 연구기관 또는 산업계에 종사하는 생명공학 관계자 및 생명윤리 전문가

(3) 공동연구

정부는 생명공학연구 및 기술개발의 효율적 육성을 위하여 학계 · 연구기관 및 산업계간의 공동연구를 촉진하여야 한다.

(4) 지원

정부는 생명공학 연구개발을 활성화하고 그 결과의 산업적 응용을 촉진하기 위하여 다음의 사항에 대한 지원시책을 강구하여야 한다.

① 생명공학관련 신기술제품의 생산지원에 관한 사항
② 생명공학 연구결과의 산업적 응용을 촉진하기 위한 연구개발 및 지역거점 구축에 관한 사항
③ 생명공학관련 중소 · 벤처기업의 창업지원에 관한 사항

7. 기술정보의 수집

정부는 생명공학연구에 관한 정보를 수집, 관계기관에 보급함으로써 연구개발촉진에 노력하여야 한다.

8. 육성시책

정부는 생명공학의 효율적인 육성을 위하여 생명공학의 기초연구 및 산업적 응용연구에 관한 시책을 강구한다. 다만, 기초의과학(基礎醫科學)분야의 연구개발촉진 및 육성업무는 과학기술정보통신부장관 및 보건복지부장관의 소관으로 한다.

9. 검정 등

정부는 생명공학 관련제품에 대한 임상 및 검정체제를 확립한다.

10. 실험지침

　정부는 생명공학연구 및 산업화의 촉진을 위한 실험지침을 작성·시행하여야 한다. 실험지침에서는 생명공학의 연구와 이의 산업화 과정에서 예견될 수 있는 생물학적 위험성, 환경에 미치는 악영향 및 윤리적 문제(인간성 상실, 제품 불량, 빈부격차, 사회적 책임) 발생의 사전방지에 필요한 조치가 강구되어야 하며, 유전적으로 변형된 생물체의 이전·취급·사용에 대한 안전기준이 마련되어야 한다.

11. 한국생명공학연구원

　생명공학연구[기초의과학(基礎醫科學)연구를 제외한다] 및 유전자원의 이용과 보전에 관한 연구의 중추적 기능을 담당하고 생명공학분야에서의 학계·연구기관 및 산업계간의 상호유기적 협조체제를 유지·발전시키며, 이들을 지원하기 위하여 재단법인인 한국생명공학연구원을 설립할 수 있다.

12. 기초의과학육성지원기구

　정부는 기초의과학(基礎醫科學)을 육성하기 위하여 기초의과학육성지원기구를 지정하여 운영할 수 있다.

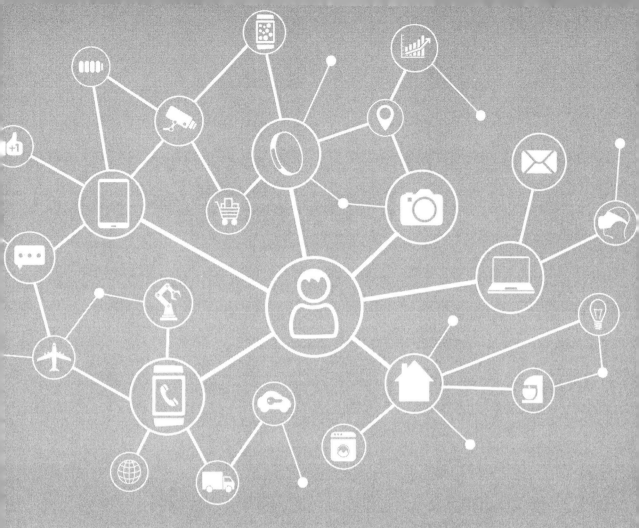

11
CHAPTER

4차 산업혁명과 금융거래

INDUSTRIE
4.0

CHAPTER 11 | 4차 산업혁명과 금융거래

제1절 4차 산업혁명과 은행권의 대응

1. 은행권의 인력 감축

은행 등 금융권의 비대면거래 확산과 비용절감 노력의 영향으로, 2017년 기준 최근 1년 새 국내 은행원 중 약 4,500명이 직장을 떠난 것으로 집계되었다. 2018년 말부터 2019년 1월 중에도 5대 은행원 약 2,100여 명이 희망퇴직을 신청하였다.

2. 점포 감축

동일 기간 중 은행 점포도 약 5,000곳 중 270개가량 문을 닫았다. 앞으로도 이런 추세는 더욱 가속화할 것으로 예상된다.

3. 세부 감축내역

2017년 6월 말 현재 KB 국민은행 · 신한은행 · 우리은행 · KEB 하나은행 · NH 농협은행 등 5개 은행과 대구 · 부산 · 경남 · 광주 · 전북 · 제주은행 등 6개 지방은행, 기업 · 산업 · 수출입은행, 기타 SC 제일, 한국씨티은행 등 18개 시중은행의 임직원 수는 총 11만 1,402명으로 집계되었다. 1년 전인 2016년 6월 말 기준 은행 직원 수가 11만 5,919명이었던 것과 비교하면, 1년 새 무려 4,517명이 은행을 떠난 셈이다.

감축 규모는 특히 5대 은행에서 심했는데, 2016년 말부터 2017년 초까지 KB 국민은행과 KEB 하나은행 등이 대규모 희망퇴직 등을 통해 많은 직원을 내보냈기 때문이다. KB 국민은행은 2016년 6월 20,008명이었던 임직원 수가 2017년 6월 말 현재 17,048명으로, 1년 동안 무려 2,960명이 감축되었다. KEB 하나은행은 같은 기간 임직원 수가 14,994명에서 13,735명으로 1,259명 줄었다. 우리은행은 임직원 중 292명이 퇴직했고, 농협은행은 210명, 신한은행은 135명이 떠나는 등 5대 은행에서만 1년 동안 4,856명이 직장을 떠났다. 2018년 말부터 2019년 1월 중에도 KEB 하나은행 등을 위시하여 약 2,100여 명이 희망퇴직을 신청하였다. 은행들은 직원 뿐 아니라 점포와 현금인출기(CD) · 현금자동입출금기(ATM) 등 자동화기기도 대폭 줄이고 있다. 은행 영업점포수는 2016년 6월 말 7,204개에서 2017년 6월 말 현재 7,004개로 200개가 사라졌다. 2018년 중에도 70개가 더 줄었다. 은행들이 전국에 설치한 자동화기기 수는 2016년 6월 50,074개에서 2017년 6월 46,731개로 3,343개가 줄었다.

제2절 인터넷전문은행의 부상

1. 인터넷전문은행

인터넷전문은행(Internet Bank, Online-only Bank, Virtual Bank)은 영업점을 소수로 운영하거나, 영업점 없이 업무의 대부분을 ATM(Automatic Teller Machine), 인터넷 등 전자매체를 통해 영위하는 은행을 말한다.

2. 현 황

국내에서는 케이뱅크와 카카오뱅크 2개가 인가되어 활동 중이다.

3. 고 객

케이뱅크 개업 24일차인 2017.4.26.(일) 8시까지 고객은 총 24만 명이 유입되었다. 그 전년 1년 동안 은행권 전체의 비대면 계좌개설 건수 15.5만 건을 출범 8일 만에 넘어서는 폭발적인 고객 유입을 시현한 것이다. 케이뱅크의 하루 평균 유입 고객 수는 출범 둘째 날 3.8만 명으로서 최고를 기록했다가, 최근에는 하루 6천명 내외로 안정화 추세에 있다.

연령대는 여타 시중은행에 비해 젊고 경제활동이 활발한 30대~40대 고객 비중이 69.9% 로서 매우 높다(시중은행의 경우 45.3%).

이용 시간대는 고객 5명 중 2명(약 42.0%) 가량이 은행 업무시간 외인 18시~익일 9시 사이에 케이뱅크에 가입하였다. 거래별로도 수신(41.9%), 여신(40.0%)이 일반 은행업무 시간 外에 많이 발생하고 있다.

4. 주요 거래 현황

수신 규모는 특판 정기예금 출시와 빠른 고객유입 등에 힘입어, 2017.4.26. 현재 약 2,848 억 원(26만 건)으로 급증하였다. 이는 당초 수립했던 금년 중 총 5천억 원 수신 목표를 출범 24일 만에 50%를 초과하여 달성한 것이다.

수신 구성을 보면 연 2% 이자를 주는 정기예금(코드 K), 여윳돈에 추가 이자(연 1.2%)를 주는 요구불예금(듀얼 K)이 수신 증가세를 견인하였다. 평균 수신금액을 보면, 특판 정기예 금은 계좌당 약 1,371만 원으로서, 소비자의 여유 목돈 운용 수요에 부응한 것으로 판단된 다. 요구불예금은 계좌당 약 60만 원 수준으로서, 포인트 혜택이 많은 체크카드를 활용한 지 급결제 용도가 대부분이다.

여신 구성은 직장인 신용대출(직장인 K)이 전체 여신의 72.1%로 대부분이며, 이어 중금 리 대출(슬림 K)이 15.4%를 차지하였다. 직장인 대출은 비교적 신용우량자를 대상으로 하는 만큼, 평균 대출금액이 크고(약 1,299만 원) 금리는 낮은 수준(3.8%)이다.

대출자의 평균 신용등급(CB 기준)은 4.4등급이며, 평균 대출금액, 금리는 각각 약 720만 원, 7.0%로 나타났다. 현재까지 실적을 토대로 시중은행이나 저축은행 중금리 대출과 비교할 때, 평균금리는 가장 낮고 대출금액은 중간 수준이다.

제3절 MTS 에 의한 주식거래

4차 산업혁명과 관련 금융 분야 중에서 가장 발 빠르게 움직이는 곳은 금융투자업(종전 증권업) 분야이다. 과거 온라인 증권회사가 생겨나서 저가의 수수료 제공을 비교우위로 하여 급성장하였는데, 키움증권(주), 이트레이드증권(주) 등이 대표적이다. 일반 증권회사에서 홈트레이딩시스템(HTS : Home Trading System)에 의한 거래가 일반화되면서 과거와 같은 객장이 사라진지 이미 오래이고, HTS 도 스마트폰의 대중화로 그 비중이 휴대폰거래인 MTS (Mobile Trading System)로 이동하는 추세이다.

1. 소리 없이 불꽃 튀는 4차 산업혁명의 전쟁터
　 － 금융투자업(증권서비스산업)

국내 산업 중 증권산업에서는 4차 산업의 주요 역량들이 총동원되다시피 하고 있다. 인공지능, 홍채인식, 블록체인 등도 가세되고 있다. 동원 가능한 모든 기술이 동원되어 서비스 경쟁을 벌이고 있는 것이다. 키움증권(주)는 2017.8.5.부터 홍채인증 주문·이체서비스를 시작하였다. 블록체인 기술도 활용되기 시작하였다. 먼저 주식거래와 전자투표에 블록체인 기술이 적용되었다. 국내 증권사들은 2017년 10월부터 블록체인을 활용한 본인인증 서비스를 제공하였다. 한국예탁결제원은 블록체인이 적용된 주주총회용 전자투표시스템을 구축하였다. 이와 관련 안정성과 편의성의 증대가 기대되고 있다. 블록체인은 거래에 참여하는 모든 참여자가 거래기록을 분산하여 저장하는 보안기술이다. 데이터의 분산을 통해 보안을 극대화 한 것이 블록체인의 가장 큰 장점이다.

한편 모바일을 통한 정보화도 가속화되고 있다. 유안타증권(주)는 2017.8.7. '티레이더 인포'를 도입하였는데, 이는 동사의 리서치센터에서 발간하는 국내외 주식투자 정보를 PC 와 모바일 등을 통해 제공해주는 서비스다. 여러 투자자가 주목하는 정보를 카드뉴스 등의 형태로 이해하기 쉽게 전달하고, 공유 창구를 SNS(Social Network Service) 등으로 다변화한 것이 강점이다.

하나금융투자(주)는 2017년 하반기부터 자사 모바일트레이딩시스템(MTS) '1Q'를 통해 의미 있는 수급 정보를 제공하는 '팩트 서비스'를 제공하기 시작하였다. 팩트 서비스는 수많은 정보들 중 사실(fact) 정보만 뽑아 공유해 주는 서비스이다. 예컨대 실제 가격형성의 주체가 누구인지, 어느 시간대에 거래가 많이 이뤄지는지, 상위 5개 거래원은 누구인지, 어느 체결량에서 거래가 많이 이루어지는지 등이다.

대신증권(주)는 올해 초 콜센터를 대신해 투자자의 문의사항에 답변하는 챗봇 서비스 '벤자민'을 선보였다. 벤자민은 사용자가 궁금해 하는 금융투자 관련 질문에 365일 24시간 대응한다. 서비스 영역은 코스피·코스닥 시세조회와 계좌관리, 공모주 청약, 지점 찾기, 날씨 정보, 안부 묻기 등으로 광범위하다.

2. HTS 에서 MTS 로

MTS(Mobile Trading System)는 휴대폰거래시스템(스마트폰거래시스템)이라고 할 수 있다. 모바일(mobile)이라 한 것은 영국과 미국에서는 휴대폰을 '모바일 폰'(mobile phone)이라고 하기 때문이다.

MTS 는 언제, 어디서나 거래가 가능한 시스템이다. 종전에는 HTS(Home Trading System)로 거래의 상당 부분이 이루어졌으나, 스마트폰의 대중화에 따라 MTS 거래가 늘어나고 있다. MTS 거래는 절차가 간단하다. 증권회사에 계좌를 개설한 후 ID 와 공인인증서를 만들어 해당 증권회사의 애플리케이션을 다운로드 받으면 된다.

모바일을 통해 주식을 거래할 수 있는 서비스로서, 인터넷을 이용하여 실시간 증권시세, 시황정보, 그래프정보, 채권투자정보, 계좌내역 조회, 그리고 예약 또는 직접 주문 등의 다양한 서비스가 제공된다. MTS 거래비중은 매년 증가하는 반면, 기존의 데스크탑(PC) 기반의 홈트레이딩시스템(HTS)의 영향력이 급속도로 줄고 있다. 한국거래소에 따르면 2017년 들어 2017.9.28.까지 MTS 를 통해 코스피·코스닥 시장에서 거래된 주식의 비중은 각각 34.0%와 39.4%를 기록하였다. 영업점 단말기를 이용한 코스닥주식의 거래량 비중은 5.7%

에 불과하였다.

3. 간편 인증제의 등장

복잡한 공인인증서의 비밀번호 입력 대신에, 4자리의 비밀번호 설정에 의한 입력으로 간단히 로그인할 수 있는 방식도 도입되었다. 인증보안 전문기업「로웸」은 KB 투자증권(주) 의 모바일트레이딩시스템(MTS) 'M-able'에 간편 인증 솔루션 '원샷패드'를 공급하였는데 동 서비스는 간편 인증 솔루션으로서, 복잡한 비밀번호의 설정 없이 사용자가 쉽게 로그인 할 수 있도록 지원한다. 사용자는 복잡한 공인인증서의 비밀번호를 입력하는 대신에 4자리 의 비밀번호를 설정하고 입력함으로써, 간단하게 로그인할 수 있다. 외견상 4자리 비밀번호 이지만, 복잡한 숫자로 변환되어 입력되기 때문에 보안성이 매우 높다. '원샷패드'는 유안타 증권(주), 신한금융투자(주) 등에서도 이미 도입된 바 있다.

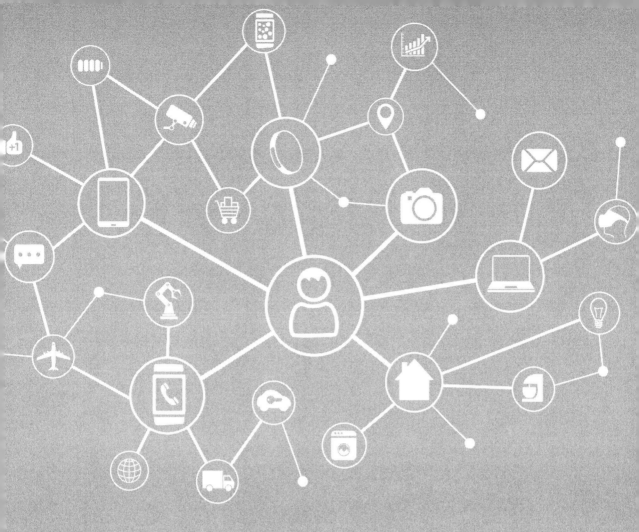

12
CHAPTER

4차 산업혁명과 교육

INDUSTRIE
4.0

4차 산업혁명과 교육

제1절 교육의 중요성

1. 인력 수요

인공지능, 첨단로봇공학, 사물인터넷, 자율주행자동차, 빅데이터, 블록체인, 3D 프린팅, 스마트도시의 출현(도시, 공장, 빌딩, 아파트의 스마트화), 빌딩공장, 아파트·주택·공장과 도시, 유비쿼터스 컴퓨팅 등 4차 산업혁명과 관련된 화두들이 이제 눈앞의 현실로 닥치고 있다. 당연히 관련 인력도 더욱 필요하게 된다.

국내에서는 2018년부터 중학교의 소프트웨어교육이 의무화되었고, 2019년부터는 초등학교까지 단계적으로 확대된다. 현재 중학교 일부에서는 자유학기제 수업 일부를 할애하는 방식 등으로 이미 코딩교육에 나서고 있는 상황이고, 어린이를 둔 강남 중류층 혹은 부유층 학부모들은 학원 등 사교육을 통한 코딩관련 조기교육 내지 선행학습에 나서고 있다.

2. 4차 산업혁명 관련 근로자 재교육도 중요

4차 산업혁명 관련 기술은 그 자체의 위력도 있겠으나, 제조업과 결합되면 더욱더 엄청난 시너지효과를 발휘한다. 독일 Industrie 4.0의 핵심도 제조업과 첨단 IT 산업의 융합이었다. 사물인터넷(IoT)을 통하여 기계가 서로 소통하게 만들고, 높은 부가가치를 창출하는 쪽에 초점을 둔다.

제조업과 사물인터넷이 결합되어 생산성을 높이고, 맞춤형 제조를 통해 더 큰 부가가치를 창출할 수 있기 때문이다. 독일의 「지멘스社」는 Industrie 4.0 프로젝트에 따라 제조업을 뛰어넘어 소프트공급자로 진화하였다. 「지멘스」는 전통 제조공장을 스마트 팩토리로 전환하였다. 혁신과정에서 직원 해고보다는 잉여 인력의 재교육을 통한 재배치로 충격을 완화하였다. 스마트 팩토리를 추구한 결과 지멘스는 생산성이 8배나 증대하였다. 근로자들과의 소통과 재교육을 통하여 이루어 낸 결과이다. 마인처(Klaus Mainzer) 뮌헨공대 교수가 지적하듯이, 기초적인 교육도 중요하지만, 직업교육을 잘 하여야 4차 산업혁명에 적절히 대비할 수 있을 것이다. 제대로 교육을 받은 사람들이 있어야, 새로운 일자리를 채울 수 있다. 그리하여 직업교육이 무엇보다 중요하다.

제2절 교육부의 업무계획과 4차 산업혁명

미국과 유럽에서 코딩교육이 학교 교육과정에 정식으로 편입되면서, 이에 자극받아 국내에서도 코딩교육이 학교교육에 편입되었다. 2018년부터 중학교에서 소프트교육이 의무화되었다.

교육부의 업무계획(2017)을 살펴보기로 한다.

1. 대학 관련 정책 방향

(1) 4차 산업혁명 시대의 창의적 융합인재의 양성을 위해 기초교양교육 강화 및 인문학

진흥, 글로벌 연구경쟁력의 확보 등 대학의 역량 강화

(2) 대학과 산업체 간 양방향 협력을 통해 산업체 및 사회수요 맞춤형 교육을 강화하고, 미래 신산업 동력을 창출하는 고급 전문인력의 양성

(3) 대학의 자율성과 다양성을 최대한 보장하면서 미래 변화에 선제적으로 대응할 수 있도록 대학의 자율적 변화와 혁신 지원

(4) 고등교육의 국제화 추진 기반을 구축하고, ASEM 교육장관회의 개최 등을 통해 한국 교육의 국제적 위상 제고

2. 초·중등학교 관련 정책 방향

(1) 학생 개개인의 흥미와 적성을 살릴 수 있도록 고교 교육을 개편하고, 현장맞춤형 교육이 가능하도록 학사운영 행정체제의 유연화

(2) 교육의 질 제고를 위하여 예비교원과 현직교원의 실무역량을 강화하고, 교원이 자긍심을 가지고 교육할 수 있는 여건의 조성

(3) 빅데이터 분석, 인공지능(AI), 가상(VR) 증강현실(AR) 등 지능정보기술을 활용하여 개인의 흥미, 수준, 강·약점에 따른 맞춤형 교육 서비스의 제공

(4) 컴퓨터적 사고, 창의 융합형 사고, 인성 감성 등 미래사회에서 요구되는 역량 교육의 강화

(5) 지능정보기술 기반 맞춤형 교육 서비스의 제공

① 디지털교과서 : 가상(VR)·증강현실(AR)을 도입한 실감형 디지털교과서를 개발하고, 초등학교를 시작으로 무선망 등 인프라 확충 및 교원연수 실시

  * 디지털교과서 : 초등학교 3~4학년 및 중학 1학년의 사회·과학·영어 디지털교과서 개발(2017) 및 적용(2018), 무선망·태블릿 PC 등을 초등학교부터 우선 확충(2017~)

② 지능형 학습분석 플랫폼 : 학생의 학습활동 데이터를 수집 분석하여, 맞춤형 학습 처방을 제공하는 '지능형 학습분석 플랫폼' 개발(2017~2019)

③ 에듀톡 : 웹사이트, 모바일 앱 등을 통해 학생 수준에 맞는 다양한 민관의 학습자료를 활용 공유할 수 있는 포털 '에듀톡'(가칭) 구축

④ 첨단 미래학교 : 최첨단 지능정보기술과 새로운 교수학습방법을 적용해 미래인재를

키우는 '첨단 미래학교' 모형 개발 육성(2017년 하반기, 시범 운영)

(6) 핵심인재 양성을 위한 소프트웨어(SW) 교육 활성화

① 기반 마련 : 초등·중등 SW 교육 필수화(초등 : 2019, 중등 : 2018)에 대비하여 시·도별 교원 충원(중등 200여 명), 연수 실시 및 인프라(컴퓨터실) 확충(41교)

② 우수사례 확산 : 동아리, 방과후학교, SW 교육 연구 선도학교 지정 등을 통해 SW 교육 우수사례를 확산하고, 다양한 체험기회 확대

동아리, 연구·선도학교, 워크숍, 컨설팅, 성과발표회 등을 통해 우수 프로그램 확산 및 SW 교육 체험주간 등 체험기회 확대

제3절 재택수업의 출현

1. 학교 제도의 변화

1) 비정규 교육제도의 활성화

정규학교인 중등학교, 대학교, 대학원 외에도, 검정고시, 학점은행제, 그리고 평생교육원 등 비정규과정을 통한 학습도 가능하다. 앞으로는 이러한 비정규과정이 더욱 다양화될 전망이다. 다만 아직도 기득권 문화가 남아 있고, 능력보다는 학벌과 간판 중시 풍조가 여전하여, 어느 정도 시간이 걸릴 듯 하지만, 문제는 기득권층의 저항과 우리 사회의 문화적 충격이다. 지금처럼 디지털혁명이 가속화되면, 분명히 시대가 변하고 건물 없는 학교들이 출현하게 될 것이다.

2) 학교수업도 재택수업이 가능한 시대

학교수업도 집에서 받는 시대가 도래할 수 있다. 사실 학교는 지식전달만이 아닌 전인교육의 장이기도 하지만, 1년 중 일정 기간만 학교에 가서 필수교육만을 받든가, 또는 시험을 볼 때만 학교에 가든가 하고, 수업일수의 상당부분을 집에서 온라인으로 학습하는 시대도

도래할 것이다. 온난화 현상으로 여름 무더위가 길어지고 있는데, 혹서기 또는 혹한기에 교통도 불편한 원거리의 학교에 직접 가지 않고도 집에서 온라인을 통해 학교수업을 받을 수 있다면 장점이 많을 것이다.

해외에서는 이미 재택근무하는 회사가 늘고 있고, 국내에서도 전화응대 서비스 등 일부 분야에서는 재택근무하는 업종이 생겨나고 있는데, 학교만은 언제까지 성역으로 남아 있을지 장담하지 못한다.

3) 국가 간 대학 이동 시대

외국대학의 국내 분교 설치 현상이 증가될 가능성이 있다. 이후 4차 산업혁명이 가속화되면 미국 유학을 가지 않고도 온라인을 통해 미국 학위의 취득이 가능한 시대가 올 가능성이 있다. 특히 인문·사회계통은 상대적으로 장애물이 적은 편이다.

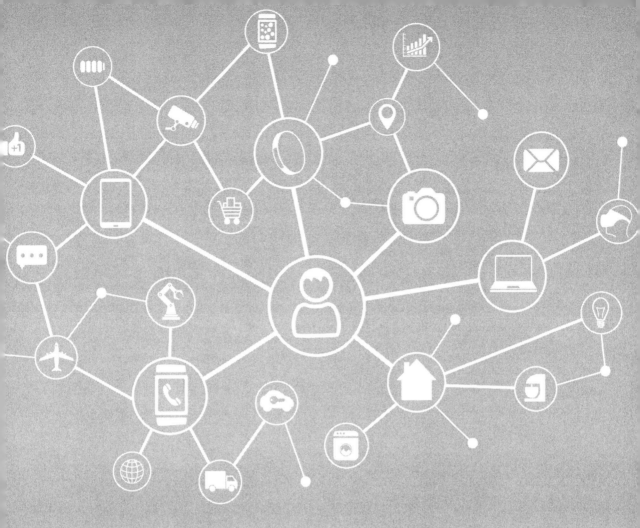

13
CHAPTER

4차 산업혁명과 윤리

INDUSTRIE
4.0

4차 산업혁명과 윤리

정부는 4차 산업혁명위원회를 구성하여 일자리를 만들고, 새로운 경제발전의 계기로 삼고자 하고 있다.

4차 산업혁명은 종전의 기술기반을 토대로 하여 동 시대 신기술로 꼽히는 인공지능, 사물인터넷, 빅데이터, 가상현실, 증강현실 및 블록체인 등과 같은 정보기술의 발전이 물리학·생물학·합성생물학·유전학·생체기술·신경과학 등의 발전과 결합하여 상당한 시너지효과를 보이기도 하면서, 인간이 예측하기 어려운 기술의 형태를 재창조하기도 한다.

이에 의하여 질병의 예방과 치료, 농업생산의 개선, 삶의 질의 증대 등 여러 면에서 획기적 변화를 가져올 수 있고, 자율주행자동차 등의 기술적 발전도 인간의 삶에 획기적인 변화를 가져오게 되었지만, 앞서 나가는 미국, 중국 등의 현황을 볼 때 기술은 가치중립적이지 못하여 이러한 신기술과 관련된 과학기술의 윤리 문제는 4차 산업혁명에서도 존재한다.

과거 1947년 의학연구라는 미명 하에 인류에게 가해졌던 약물실험 및 여성에 대한 강압적 불임시술을 계기로 「뉘른베르크 강령」(The Nuremberg code)이 마련되었으나, 1986년 미국 챌린저 우주왕복선 폭발사고, 2011년 후쿠시마 원전 사고 등에서 보듯이 과학기술은 계속 새로운 위험을 초래하였고, 이로 인한 사회적 파급력도 큰 만큼 부정적 상황이 발생할 경우 그 피해 규모 또한 막대하기 때문에, '인류 발전과 공영'이라는 과학기술 본연의 목적을 위해서는 과학기술자의 윤리의식이 상당히 중요하다.

3D 프린터가 개발되면서 종전에 "넓은 땅에 생산에 필요한 건물과 설비를 마련하고 경험 많은 관리자가 인건비가 저렴한 노동력을 고용하여 작업 지시를 하며 제품을 출하하는 곳"이라던 공장의 개념도 바뀌고 있다. 이제는 생산자(maker)가 자신의 집을 공장으로 활용하기까지 하는 시대가 되었다. 노동력을 구하기 위해 동남아시아나 아프리카로 설비를 이전할 필요도 없어졌다. 공장을 통한 생산을 위해 선진국에서 후진국으로 이전되던 자금의 흐름도 이제 과거와는 다른 양상을 보이기 시작했다. 기업의 경영측면에서도 고급기술자가 많고 경험이 풍부한 선진국의 사무실에서 소품종 주문생산을 받아, 고객과 소통하며 제품을 생산하는 일도 활발해지고 있다.

　　그런데 현실적으로 대량생산과 대량소비, 초연결성, 신속성, 유동성, 무경계성, 대체성 등으로 특징지을 수 있는 4차 산업혁명 시대에 있어서의 위험을 고려하면 윤리적 문제를 거론하기 쉽지만, 그것이 혁신과 편의성과 관계될 때에는 그 윤리적 문제를 도출하기가 쉽지 않다. 가령 음성인식 인공지능(Artificial Intelligence) 비서에게 급한 목소리와 급박한 감정 변화를 인식하도록 알고리즘을 설계하면, 소리를 질러서 일의 진척을 빠르게 할 수 있는 편의성을 갖게 된다. 하지만, 목숨을 살려달라는 작은 소리와 사소한 일을 해달라는 큰소리 중에 선택하게 할 때, 그것이 과연 어떤 윤리적 기준으로 판단하게 될 것인가 하는 문제(인공지능과 윤리적 문제 사례)도 있다.

　　차제에 종전에 생각하지 못했으나, 향후 지속적으로 등장할 것으로 예상되는 신기술 연구와 활용을 둘러싼 신규 위험요인들에 대한 윤리적 및 사회적인 문제에 대해 그 사전 검토가 필요하다. 이들 신기술이 미래사회에 미칠 영향을 다각도로 예측하고, 과학기술의 윤리 문제를 해결하기 위하여 사회적 합의에 따른 윤리기준을 마련하는 것이 필요하며, 이에 대하여 국내는 물론, 글로벌적으로까지 대응할 필요가 있다.

　　사물의 초결합과 초융합에 따라 변화되는 4차 산업혁명 시대에 우리가 시스템으로 정착시켜야 할 것이 바로 윤리의식이다. 생명의 존엄성, 안전성, 공평성, 그리고 기업의 도덕적 책임성이 무시된다면 공존하여 살아가는 사회를 만들어 가기 어렵다. 기존에 우리들이 구축해 놓은 시스템과 작업의 프로세스도 이러한 변화에 부합되도록 수정되고 보완되어야 한다. 공유경제의 시대라고 정의할 수 있는 4차 산업혁명 시대에서 인간들이 스스로의 편리함과 혁신을 위해 개발한 기술들이 오히려 다른 직업군에게 위험이 되게 하여서는 아니 된다.

제1절 분야별 직업윤리의 필요

기술적 환경의 변화로 인한 사회혁신은 우선 전통적인 가치관의 변화, 그리고 인간 행위 규범으로서의 윤리기준에도 변화를 가져올 수 있다. 스스로 책임질 수 없는 일을 하는 것은 곧 윤리적 결핍이다. 그리하여 기술 중심의 시대에서는 분야별로 전문가에 적합한 구체적 지침과 직업윤리가 마련되어야 한다.

제2절 생명윤리와 관련된 윤리

미국의 게놈 분석장비 제조업체「일루미나」(illumina)는 인간 게놈 프로젝트 이후 10여년 만에 개인유전자 분석의 대중화 시대를 열었다. 1,000 달러만 내면 몸에 있는 유전정보가 해독되고, 이 유전정보에 따라 질병 진단 및 약물 처방이 가능해진 것이다. 개인 유전정보의 분석 및 저장, 건강 데이터의 전송 및 분석, 그리고 그 진단에 인공지능의 활용, 3D 프린터를 통한 신체기능의 보완 등 바이오테크 혁신으로 보건의료 환경에 엄청난 변화가 발생할 것으로 전망된다. 이제 생명체를 인간이 의도한대로 조작하는 시대가 열린 것이고, 동 분야에서의 이러한 변화와 함께 새로운 윤리 문제가 제기되고 있다. 생명윤리 관련 이슈를 선도하는 연구기관인 미국「해스팅스 센터」(Hastings Center)는 "4차 산업혁명의 4대 윤리 문제"를 제기하였다.[42] 이에 대하여 검토하고, 기업의 사회적 책임에 대해 추가로 언급하기로 한다.

---

42) 국민권익위원회 윤리연구소-보고서 리뷰, "4차 산업혁명의 4대 윤리 문제,"「기업윤리 브리프스」, 2017년 6월호. "정부, 4차 산업혁명에 맞는 생명윤리 해법 모색,"조선닷컴, 2017.3.30. 출처 : http://news.chosun.com/site/data/html_dir/2017/03/29/2017032902611.html

조헌국, "4차 산업혁명에 따른 대학교육의 변화와 교양교육의 과제", 한국교양교육학회「교양교육연구」, 11권 2호 (2017.4.), p.53~85.

1) 생명윤리

생명윤리를 다루는 기업은 생태계 교란이나 생태환경에 재앙을 일으키지 않도록 철저한 검증을 거치고, 생태윤리를 기업윤리의 제일 덕목으로 고려해야 한다. 예컨대 2012년 개발된「크리스퍼 유전자 가위」(CRISPR-Cas9)는 유전자를 자르고 붙이는 유전자 조작에 사용되는데, 유전자 드라이브는 크리스퍼 유전자 가위를 통해 특정 야생 동식물의 전체 개체에 특정 유전요소를 기하급수적으로 퍼뜨릴 수 있는 기술이다. 미국, 영국, 스웨덴 등에서는「크리스퍼 유전자 가위」를 이용해 에이즈(HIV), 암, 혈우병, 선천성 암질환 등의 질병 치료 연구가 활발하게 진행되고 있고, 중국에서도 이미 배아세포에 빈혈을 일으키는 변이 유전자를 절단하거나, HIV(면역결핍증, Human Immunodeficiency Virus) 질환 면역 수정란을 만드는 데 성공하였으며, 성인 폐암환자를 대상으로 임상시험을 실시한 바 있는데,「크리스퍼 유전자 가위」가 미래 의료분야의 혁신을 주도할 기술이 분명하지만 오남용과 폐해를 최소화하려는 사회적 합의도 동시에 마련하여야 한다. 이 유전자 가위기술로 유전자 치료를 하는 경우에 대하여는 국가별로 허용하는 기준에 차이가 있기 때문에, 합리적인 국내적 윤리기준을 마련하는 것이 필요하다.

2) 안전성

4차 산업혁명과 관련하여 모두가 공감할 수 있는 최우선 문제는 안전이다. 즉, 4차 산업혁명에 동참하는 기업은 개인과 사회가 신기술 때문에 해를 입을 가능성을 줄여야 한다. 규제 · 감독기관에서도 안전 증진에 주력하여야 한다.

3) 공평성

모든 사람들이 경제적 능력에 관계없이 공평하게 기술의 편리성에 접근하여 혜택을 받도록 하여야 한다. 기업이 경제적 부를 가진 소수를 위하여만 신기술을 개발하고, 상품화한다면 이는 기업의 사회적 책임과 배치된다.

4) 환경 문제

야생지역의 고유한 가치에 대한 존중과 책무도 중요하며, 인간이 환경의 본질을 변화시키는 데 어느 정도 개입해야 하는지에 대해서도 윤리적인 검토가 필요하다.

제3절 기업의 사회적 책임

4차 산업혁명 시대라고 기업의 윤리경영의 면에서 큰 틀이 바뀌는 것은 아닐 것이다. 우선 인간의 존엄과 가치를 우선적으로 고려해야 하며, 4차 산업혁명 주도 기업들은 담합 등을 통한 불공정거래행위를 하여서는 안 되고, 4차 산업혁명 관련 허위과대 광고가 억제되어야 하며, 환경오염 및 자연파괴 행위에 대해서도 엄격한 공통의 윤리준칙을 정해서 이를 준수하여야 한다. 4차 산업혁명 시대에 부합하는 사회적 책임을 다하고 수평적 조직문화를 뿌리내리며, 투명경영의 기업가정신을 가진 윤리경영 기업들이 새로운 기업생태계를 만들어야 한다.

제4절 직업윤리와 교육 문제

우리가 지능정보기반 사회에서 뒤처질 우려가 있다는 심각성을 감지하여 데이터 활용 면에서 적극 규제혁신을 추진하고 있지만, 과학기술의 윤리가 해이해질 경우 돌이킬 수 없는 위험한 문제들이 생겨날 수 있기 때문에 규제혁신의 속도감이 더딘 것은 사실이다. 최소한 지켜야 할 원칙만이라도 잘 준수한다면 지능정보 사회의 부작용은 줄일 수 있을 것이다.

우리 교육은 그동안 수월성 함정에 빠져 있었다. 즉, '누가 더 뛰어난가'에 대한 수월성에만 초점을 맞추었었고, '누가 더 올바른가'에 대해서는 초점을 맞추지 않았으며 그로 인해 전문가들이 직업윤리를 망각하고, 눈앞의 이익만을 쫓는 비윤리적인 모습을 보여왔다. 그리하여 새로운 윤리 모델과 인력양성 방안도 설계되어야 한다.

현대 과학기술은 과거의 국지적 공간과 한정된 시간의 틀을 벗어나 글로벌한 공간에 대해 지속적인 차원에서 큰 영향력을 끼치고 있다. 미래형 과학기술 인력의 양성정책이 과거의 하이테크형 우수인재의 육성과 신산업 활성화의 주 동력원으로 간주되는 공급자 방식에서 벗어나, 사회적, 과학적 합리성의 조화를 추구하는 방향으로 진행되어야 한다.

과학기술의 효과를 이해하고 과학 문화를 평가할 수 있는 지식과 역량을 증진하기 위하여, 초등학생 및 청소년부터 잘 교육시키는 것이 필요하다. 대학의 융·복합 교육 모델을 보강, 확대·지원하며, 일반인을 대상으로 하여서는 자유와 자신이 속한 가상공간 혹은 현실 공간과 중첩, 연결, 상호 운용되는 사회적 공공의 선을 연대시키고, 공적 영역에서 책임과 의무를 다하는 태도를 갖추도록 하게 하여야 한다. 그리고 선택하지 말아야 할 기술이 무엇인지 식별하고, 익명성과 보안성 등의 문제들을 분별할 수 있도록 과학적 역량을 함양하는 평생적 시민교육도 확대하는 등 미래형 가치와 윤리 모델이 결합한 다양한 교육, 그리고 그 지원체계를 마련해 주어야 한다.

찾아보기

【영문】

공저자 약력

□ 오 영 환
- 연세대학교 법학박사
- 증권감독원 조사부 근무
- 현재 수원과학대학교 교수

□ 윤 명 수
- 한국외국어대학교 문학사
- 연세대학교 경영대학원 경영학 석사(증권분석 전공)
- 증권감독원(선물시장과장 역임), 금융감독원 근무(1983~2011)
- 국가공인 자산관리사(FP), 국가공인 외환전문역 1종, 파생상품투자상담사, 펀드투자상담사, 증권투자권유대행코딩지도사, 3D프린팅지도사

□ 최 성 운
- 연세대학교 정보통신전공(석사)
- Avaya Korea 등 근무
- 현재 수원과학대학교 교양과 컴퓨터공학과 출강

4차 산업혁명의 이해

2019년 2월 20일 초판 제1인쇄
2019년 2월 25일 초판 제1발행

공저자 오영환 · 윤명수 · 최성운
발행인 나 영 찬

발행처 **MJ미디어** ──────────

서울특별시 동대문구 천호대로4길 16(신설동)
전 화 : 2235-0791/2238-7744/2234-9703
FAX : 2252-4559
등 록 : 1974. 5. 13. 제5-12호

정가 15,000원

◆ 이 책은 MJ미디어와 저작권자의 계약에 따라 발행한
것이므로, 본 사의 서면 허락 없이 무단으로 복제,
복사, 전재를 하는 것은 저작권법에 위배됩니다.
ISBN 978-89-7880-283-3
www.kijeonpb.co.kr.